プリント形式のリアル過去問で本番の臨場感！

愛知県

愛知教育大学附属名古屋中学校

2025年春受験用

解答集

本書は，実物をなるべくそのままに，プリント形式で年度ごとに収録しています。
問題用紙を教科別に分けて使うことができるので，本番さながらの演習ができます。

■ 収録内容

・解答集（この冊子です）

書籍ＩＤ番号，この問題集の使い方，最新年度実物データ，リアル過去問の活用，
解答例と解説，ご使用にあたってのお願い・ご注意，お問い合わせ

・2024（令和６）年度 ～ 2018（平成30）年度　学力検査問題

JN132488

○は収録あり 年度	'24	'23	'22	'21	'20	'19
■ 問題収録	○	○	○	○	○	○
■ 解答用紙	○		○	○	○	○
■ 配点						

全教科に解説があります

上記に2018年度を加えた7年分を収録しています

☆問題文等の非掲載はありません

教英出版

■ 書籍ＩＤ番号

入試に役立つダウンロード付録や学校情報などを随時更新して掲載しています。
教英出版ウェブサイトの「ご購入者様のページ」画面で，書籍ＩＤ番号を入力してご利用ください。

書籍ＩＤ番号　101121

（有効期限：2025年9月30日まで）

【入試に役立つダウンロード付録】
「要点のまとめ(国語／算数)」
「課題作文演習」ほか

■ この問題集の使い方

年度ごとにプリント形式で収録しています。針を外して教科ごとに分けて使用します。①片側，②中央のどちらかでとじてありますので，下図を参考に，問題用紙と解答用紙に分けて準備をしましょう（解答用紙がない場合もあります）。

針を外すときは，けがをしないように十分注意してください。また，針を外すと紛失しやすくなりますので気を付けましょう。

① 片側でとじてあるもの

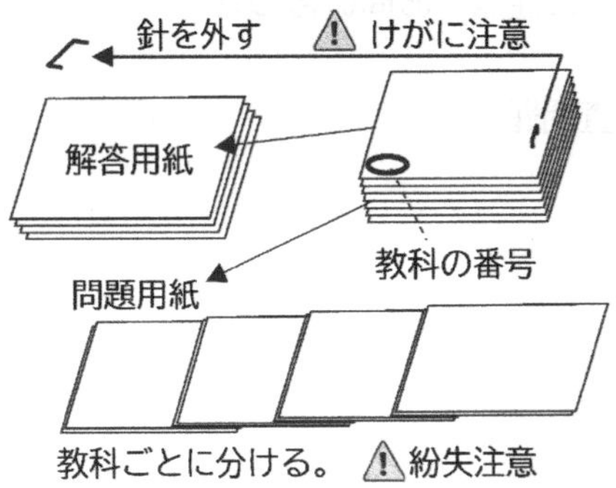

② 中央でとじてあるもの

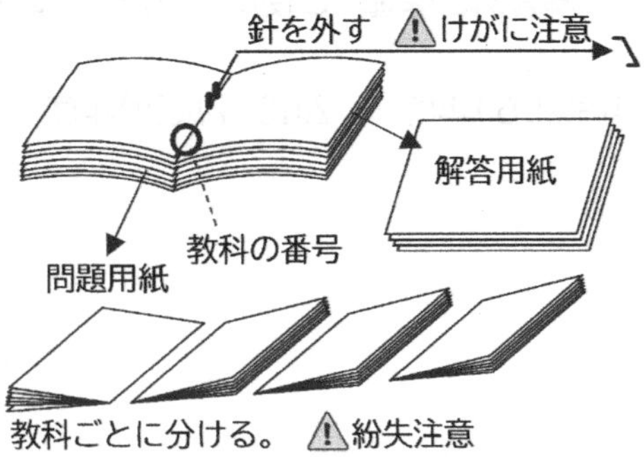

※教科数が上図と異なる場合があります。
　解答用紙がない場合や，問題と一体になっている場合があります。
　教科の番号は，教科ごとに分けるときの参考にしてください。

■ 最新年度 実物データ

実物をなるべくそのままに編集していますが，収録の都合上，実際の試験問題とは異なる場合があります。実物のサイズ，様式は右表で確認してください。

※令和６年度から，収録している算数の問題の大きさと組み方を変更して編集しています。

問題用紙	Ａ４片面プリント
解答用紙	Ｂ４片面プリント

リアル過去問の活用

～リアル過去問なら入試本番で力を発揮することができる～

本番を体験しよう！

問題用紙の形式（縦向き／横向き），問題の配置や余白など，実物に近い紙面構成なので本番の臨場感が味わえます。まずはパラパラとめくって眺めてみてください。「これが志望校の入試問題なんだ！」と思えば入試に向けて気持ちが高まることでしょう。

入試を知ろう！

同じ教科の過去数年分の問題紙面を並べて，見比べてみましょう。

① 問題の量

毎年同じ大問数か，年によって違うのか，また全体の問題量はどのくらいか知っておきましょう。どのくらいのスピードで解けば時間内に終わるのか，大問ひとつにかけられる時間を計算してみましょう。

② 出題分野

よく出題されている分野とそうでない分野を見つけましょう。同じような問題が過去にも出題されていることに気がつくはずです。

③ 出題順序

得意な分野が毎年同じ大問番号で出題されていると分かれば，本番で取りこぼさないように先回りして解答することができるでしょう。

④ 解答方法

記述式か選択式か（マークシートか），見ておきましょう。記述式なら，単位まで書く必要があるかどうか，文字数はどのくらいかなど，細かいところまでチェックしておきましょう。計算過程を書く必要があるかどうかも重要です。

⑤ 問題の難易度

必ず正解したい基本問題，条件や指示の読み間違いといったケアレスミスに気をつけたい問題，後回しにしたほうがいい問題などをチェックしておきましょう。

問題を解こう！

志望校の入試傾向をつかんだら，問題を何度も解いていきましょう。ほかにも問題文の独特な言いまわしや，その学校独自の答え方を発見できることもあるでしょう。オリンピックや環境問題など，話題になった出来事を毎年出題する学校だと分かれば，日頃のニュースの見かたも変わってきます。

こうして志望校の入試傾向を知り対策を立てることこそが，過去問を解く最大の理由なのです。

実力を知ろう！

過去問を解くにあたって，得点はそれほど重要ではありません。大切なのは，志望校の過去問演習を通して，苦手な教科，苦手な分野を知ることです。苦手な教科，分野が分かったら，教科書や参考書に戻って重点的に学習する時間をつくりましょう。今の自分の実力を知れば，入試本番までの勉強の道すじが見えてきます。

試験に慣れよう！

入試では時間配分も重要です。本番で時間が足りなくなってあわてないように，リアル過去問で実戦演習をして，時間配分や出題パターンに慣れておきましょう。教科ごとに気持ちを切り替える練習もしておきましょう。

心を整えよう！

入試は誰でも緊張するものです。入試前日になったら，演習をやり尽くしたリアル過去問の表紙を眺めてみましょう。問題の内容を見る必要はもうありません。どんな形式だったかな？受験番号や氏名はどこに書くのかな？…ほんの少し見ておくだけでも，志望校の入試に向けて心の準備が整うことでしょう。

そして入試本番では，見慣れた問題紙面が緊張した心を落ち着かせてくれるはずです。

※まれに入試形式を変更する学校もありますが，条件はほかの受験生も同じです。心を整えてあせらずに問題に取りかかりましょう。

2024 解答例
令和6年度

愛知教育大学附属名古屋中学校

《国　語》

一　問1．イ　問2．イ　問3．心の中　問4．エ　問5．ア　問6．ウ　問7．ウ　問8．ア
問9．イ　問10．ウ，エ

二　問1．(1)オ　(2)ア　問2．A．エ　B．ウ　問3．イ　問4．何らかの～べること
問5．あ．事実　い．区別　問6．ア　問7．ウ　問8．父は、家でゆっくり休むより、むしろ外で運動したいと言った。

三　①いさ　②衛生　③長編　④快く　⑤底

《算　数》

1　(1)20　(2)2

2　12

3　イ

4　ア

5　48

6　8

7　23

8　40

9　175

10　135

11　文字…あ　向き…ウ

12　302.8

13　85

※14　$\frac{5}{63}$

※の理由は解説を参照してください。

《2024　国語　解説》

一　問１　[あ]の前後に「気がせく(早くしたくて気持ちがはやる。気があせる)。とにかく気がせく」「足をばたばたさせて～『ね、車、おそくない？』」とあることから、イが適する。

問２　この光を「天からおろされる梯子、天使の梯子」とし、――線①の２行後で、それを見あげて「いいことがあるような気がした」と思っているので、イが適する。

問３　――線③の７行前に「アオナギ、飛べ、飛ぶんだと、ぼくが心の中で叫んだときだった」、――線⑤の１行後に「アオナギと、ぼくは心の中で叫んだ」とあることに着目する。

問５　「巣の中で今までになく大きく羽ばたいた」アオナギが、ついに「隣の木の枝に飛び移った」様子を見て、椰は「胸の前で手を組ん」で言っている。「そうよ(その調子だよ)、あと少し(で飛び立てる)」と、いのるような気持ちで応援し、見守っているのである。よって、アが適する。イの「全く飛べない～つらかった」、ウの「鳴き声をあげたことがうれしかった」、エの「腹立たしかった」は適さない。

問６　――線②の３行前に「空気をきり裂くような甲高い親鳥の声がした」とあるので、ウは、「アオナギの特ちょう」ではない。

問７　――線⑤の直前に「ぼくの心はズキュンと射抜かれた」とあるので、ウの「安心」は適さない。

問８　――線⑥は、なみだをふいたということ。アオナギの巣立ちを見届けた感動なので、アが適する。イの「サポート隊の人と見守れたことがうれしかった」、ウの「泣いている椰に、心を痛めた」、エの「森が静かになったことが不満だった」は適さない。

問９　「ぼく」のアオナギに対する思いから、イのようなことが言える。アの「自分の気持ちを～表さない」は適さない。ウの「周りの人のことを何よりも優先する」、エの「何にでも挑戦しようとする」という様子は、本文からは読みとれない。

問10　ア．「椰や葛城さんの気持ちが～より伝わりやすくなっている」という効果は見られない。　イ．「五感すべてを用いて」はいない。　オ．「へえ」は「ぼく」が言ったのであり、「登場人物のあいづち」ではない。
カ．「登場人物の様子」に「たとえ」は用いられていない。

二　問１⑴　「そうではない」の「そう」が指す内容が直前にあるところなので、[オ]。　⑵　「この区別」が指す内容が直前にあり、また、その前に「比較が生み出す嫌なところ」は避けるのが難しい(人と比較しないでいるのは難しい)という内容があるところなので、[ア]。

問２Ａ　「言いません」と「言うだけ無駄です」という同類のことを取り上げているので、エの「あるいは」が適する。　Ｂ　直前の二文の内容を、具体例を用いて説明しようとしているので、ウの「たとえば」が適する。

問３　よく似ている「一卵性の双子」であっても「まったく違う～同じ人物になれない」ということを言っている。たとえ特別だと思われるものであっても他の場合と同じであるということを言う時の「でも」なので、イが同じ使い方。イは、難しい問題が解ける「彼」であっても「解くのが難しい」という意味。

問４　――線②の直前の「何らかの観点から人に値を割り振って、順番に並べること」が26文字。

問５あ　「単なる事実と価値が異なる」と「[あ]の記述と、価値の判断が異なる」という同類の内容を並べていることから考える。　い　「すごい人だろうがすごくない人だろうが、人間として同じように尊重されるべき」であって、すごい人だから尊重するなどと混同しないようにする、つまり、「すごい人だから『評価する』ことと、同じ人間だから『尊重する』こと」は区別して考えるべきだということを言っている。

問６　オの２～３行前で「優劣のランキングは、それぞれの人の価値観や目標によって異なりますので、どこでも一律に同じではありません」と述べていることから、アが適する。

問７　最後の段落で述べていることに、ウが適する。アの「双子は例外である」、イの「危険なことであるからすぐにやめた方がよい」、エの「優劣のランキングはどこでも一律で同じ」は適さない。

問８　「むしろ」は、２つのことを比べて、あれよりもこれを選ぶ、これのほうがより良いという気持ちを表す言葉。字数だけでなく、「主語と述語のある」という条件にも注意しよう。

《2024　算数　解説》

1 (1)　与式＝10＋12－２＝22－２＝**20**

(2)　与式＝$(\frac{12}{4}-\frac{7}{4})\times\frac{8}{5}=\frac{5}{4}\times\frac{8}{5}=$ **2**

2 上底の長さは２cm，下底の長さは４cm，高さは４cmだから，面積は（２＋４）×４÷２＝**12**(cm²)である。

3 アの棒グラフは量の大小を比べるとき，イの帯グラフは構成比を見るとき，ウの折れ線グラフは量の増減を見るとき，エのドットプロットは代表値や資料の散らばりを見るときにそれぞれ用いる。図書館の利用者数について，年代別の構成比がわかるようにしたいので，**イ**の帯グラフが適する。

4 **【解き方】ＰがＢＣ上，ＣＤ上，ＤＡ上，ＡＢ上をそれぞれ動くとき，三角形ＡＢＰと三角形ＡＰＤは右図のようになる。**

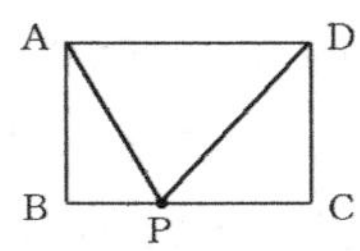

【ＰがＢＣ上】

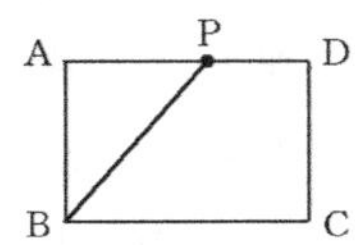

【ＰがＤＡ上】

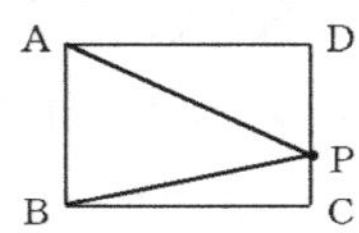

【ＰがＣＤ上】

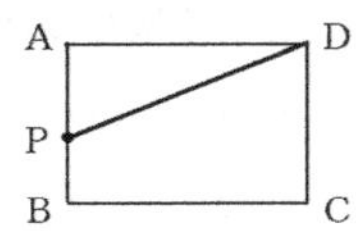

【ＰがＡＢ上】

三角形ＡＰＤの面積は，ＰがＢＣ上にあるときは一定，ＣＤ上にあるときは一定の割合で減少，ＤＡ上にあるときは０，ＡＢ上にあるときは一定の割合で増加する。よって，グラフはアかイのどちらかである。また，長方形ＡＢＣＤは横の長さが縦の長さより長いので，ＰがＢＣ上，ＤＡ上にある時間の方がＣＤ上，ＡＢ上にある時間より長い。

よって，グラフは**ア**に決まる。三角形ＡＢＰのグラフの面積についても条件に合う。

5 **【解き方】どちらにも○をつけていない生徒の人数を求める。**

バスにも電車にも○をつけなかった生徒は全体の100－（30＋50－10）＝30(％)だから，160×0.3＝**48**(人)である。

6 **【解き方】Ａ町には１＋２＝３(分)周期で電車が停車し，Ｂ町には２＋３＝５(分)周期で電車が停車する。よって，２つの駅では３と５の最小公倍数の15分周期で電車が停車している。**

午前８時から午前８時15分までの，Ａ町行きの電車とＢ町行きの電車についてまとめると，右図のようになり，

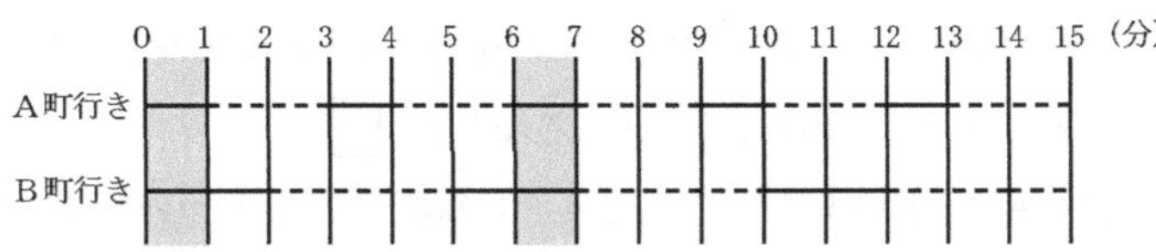

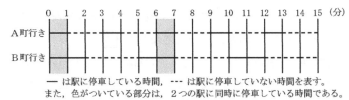

― は駅に停車している時間，--- は駅に停車していない時間を表す。
また，色がついている部分は，２つの駅に同時に停車している時間である。

この15分間のうち，２つの駅に同時に停車している時間は色つき部分の２分間である。午前８時から午前９時までの１時間にこの周期を60÷15＝４(回)くり返すから，同時に停車している時間は２×４＝**８**(分間)である。

7 **【解き方】人数が10人のときの中央値は，10÷２＝５より，大きさ順に５番目と６番目の値の平均である。人数が11人のときの中央値は，11÷２＝5.5より，大きさ順に６番目の値である。**

10人目までの記録のうち，５番目と６番目の記録の合計は25×２＝50(m)であり，２人の記録の差は４mだから，和差算を用いて，５番目の記録は(50－４)÷２＝23(m)と求められる。11人目の記録は20mで23mより値が小さい

から，10 人の記録で５番目だった人が 11 人の記録では６番目となる。よって，求める中央値は **23**mである。

8 **【解き方】必要な黒色のペンキの量は，ペンキ全体の量の$\frac{2}{2+3}=\frac{2}{5}$である。**

25 ㎡のかべをぬるのに必要なペンキの量は $4\times25=100$（L）だから，黒色のペンキは $100\times\frac{2}{5}=$**40**（L）必要である。

9 **【解き方】まずは割引前の金額を求める。**

割引がないとき，400 g 注文したときの料金は 2000 円だから，350 g 注文すると $2000\times\frac{350}{400}=1750$（円）である。

10 回目の来店では料金が$\frac{1}{10}$になるから，$1750\times\frac{1}{10}=$**175**（円）になる。

10 **【解き方】右図で，三角形ＢＥＧの外角の大きさについて考える。**

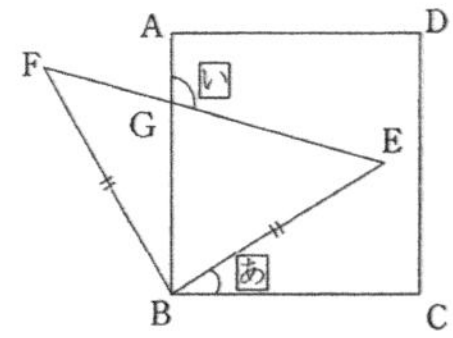

角ＡＢＣ＝90°だから，角ＧＢＥ＝角ＡＢＣ－角ＥＢＣ＝90°－あ

三角形ＢＥＦは直角二等辺三角形だから，角ＢＥＧ＝45°

三角形ＢＥＧにおいて，三角形の１つの外角は，これととなり合わない２つの内角の和に等しいから，角ＧＢＥ＋角ＢＥＧ＝角ＡＧＥより，90°－あ＋45°＝い　　よって，あ＋い＝**135°**

11 **【解き方】立方体の展開図では，となりの面にくっつくのならば，面を 90° だけ回転移動させることができることを利用する。**

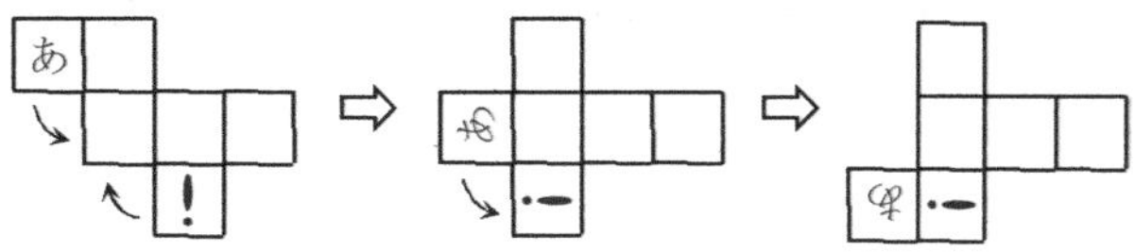

展開図を回転移動させていくと，右図のように立方体の面と面がくっつく。よって，①にあてはまる文字は「**あ**」であり，向きとして適するものは，**ウ**である。

12 **【解き方】円柱と直方体が重なっている部分は，底面の半径が２㎝，高さが５㎝の円柱である。**

組み合わせる前の円柱と直方体の体積の和から，２つの立体が重なっている部分の体積を引けばよいから，求める体積は $6\times5\times8+2\times2\times3.14\times10-2\times2\times3.14\times5=240+(40-20)\times3.14=$**302.8**（㎤）

13 **【解き方】30 分以上 40 分未満の人数が全体の何％かを求める。**

０分以上 10 分未満の人数は 90 人で全体の 18％だから，全体の人数は $90\div0.18=500$（人）である。20 分以上 30 分未満の人数は 130 人なので，全体の $130\div500\times100=26$（％）である。よって，30 分以上 40 分未満の人数は全体の $100-(18+20+26+13+6)=17$（％）であり，その人数は $500\times0.17=$**85**（人）である。

14 **【解き方】分子が１のままでは規則性が見えないので，通分することで分母をそろえて考える。**

並んでいる分数の分母を 63 で通分すると，$\frac{1}{63}$，$\frac{3}{63}$，□，$\frac{7}{63}$，$\frac{9}{63}$となり，分子が１から２ずつ増えるように連続する整数になる。よって，□の分子は $3+2=5$ になるので，□＝$\frac{5}{63}$である。

2023 解答例 令和5年度 愛知教育大学附属名古屋中学校

《国　語》

一　問1．a．自分の意志　b．満ち足りていた　問2．ウ　問3．ア　問4．気持ちを～いうもの
問5．エ　問6．ウ　問7．ウ　問8．ア　問9．イ　問10．イ

二　問1．(1)ア　(2)ウ　問2．A．オ　B．ウ　問3．イ　問4．ア　問5．エ　問6．満足
問7．喜びや幸～ブな感情　問8．エ，カ　問9．(例文)私は、ポテトチップスよりもチョコレートの方が好きだ。

三　①はつが　②週刊　③輸入　④交わる　⑤物〔別解〕客

《算　数》

1　(1)20　(2)0.4

2　100°

3　16通り

4　400 g

5　44

6　130円

7　98点

8　960m

9　29人

10　6 ㎠

11　1570 ㎠

12　945さつ

※13　6765

※の説明は解説を参照してください。

《2023　国語　解説》

一　問１　２行前に「僕は自分の意志で、この絵を黒く塗った」とある。また、文章の最初に、「この絵を全部黒く塗ったとき、僕は満ち足りていた」とある。

問２　５～７行前に「わんわん泣いている(鈴音の)姿が、きれいだと思った～もうまっすぐに、感情を爆発させている姿だ」とある。そして、――線③にあるように、「僕」はそんな鈴音の姿を描きたいと思った。よって、ウが適する。

問３　直前の「これは狩猟だ。獲物を捕まえろ」といった感情から、獲物に戦いをいどむ好戦的な気持ちが読み取れる。よって、アが適する。

問４　問２の解説にあるように、「僕」は、わんわん泣き、感情を爆発させている鈴音の姿をきれいだと思い、その姿を描きたいと思った。この下線部と同じように、ぼくが、きれいだと思ったのが、――線⑤の５～６行前の「気持ちをまっすぐに爆発させている人の、パワーとか、そういうもの」である。

問５　「けげんに思う」は、不思議に思うという意味。よって、エが適する。

問６　――線⑥の３行後で、鈴音は、「すごいきれいだと思った。鼻水出てんのに。ひどい顔なのに」と言っているので、ウが適する。

問７　ここより前で、鈴音は「きらきらとした目でまじまじと絵を見」ている。また、――線⑥の直後には「ちょっとほっとしながら僕は言った」とある。これらの描写から、――線⑥の言葉は、「僕」がこの絵に自信を持っていて、「いやがらせで描いたように」は見えないはずだという確信があって言ったものだと考えられる。よって、ウの「不安」は適当ではない。

問８　「もとのあれ」とは、「僕」が「嘘っぽい」「やり直したかった」と思っていた絵である。前書きにあるように、「僕」は「汚れを修正しようとするも気分が向か」ず、「もとの絵を黒く塗りつぶした」。そして、黒く塗った絵を見て「僕」は「この黒の下にたくさんの色彩が詰まっている」と感じている。つまり、「もとのあれ」とは、黒く塗りつぶす前の色あざやかな絵である。さらに、――線⑦の２行後で、鈴音はもとの絵に見とれていたと言っている。よって、アが適する。

問９　鈴音は、黒く塗りつぶされた絵を見てわんわん泣き、感情を爆発させるような人物である。よって、イは適当ではない。

問10　「僕」の目線で書くことで、「僕」の心情は読み手に伝わりやすくなっている。しかし、鈴音については、そうした効果はない。よって、イは適当ではない。

二　問１(1)　アの直後の一文は、(1)の後半に書かれている内容をより具体的に説明したものである。よって、アが適する。　(2)　「反実仮想的思考」という言葉に着目すると、後の方に「上向きの反実仮想的思考(現状よりもよりよいことを想像する)は、銀メダリストという素晴らしい成績をあげた人たちにさえ、幸福感や満足感などを下げ、後悔を生じさせる」とある。つまり、反実仮想的思考には、幸福感や満足感を下げる効果がある。これをもとに考えると、ウの直前に、幸福感や満足感などの「ポジティブな感情は～金、銅、銀の順となる」とあり、(2)の「このようなこと」が、ウの直前に書かれている内容を受けていると考えれば意味がつながる。よって、ウが適する。

問３　――線①とイの「から」は、原因・理由を表している。

問４　アは「優勝者と比べることで」が適当ではない。――線②の５行前に「銀メダリストは優勝者と比較する言動をしている」とある。

問５　直前に、「『達成できなかったこと』に焦点を当てる傾向がある」とある。このように、達成できなかったことに意識を向けると、達成感は低くなると考えられる。よって、エが適する。

問６　１～２行前に「銅メダリストは～銀メダリストよりも幸福感や満足感を得やすい」とある。それが観客にも伝わり、満足しているように見えるのである。

問７　――線③は、具体的には前の行にある「達成感や満足感」といったものであり、これと同様の内容の部分が、２段落目の「喜びや幸福感、達成感、満足感などのポジティブな感情」である。

問８　ア．本文中に「社会的に成功した人たちや裕福な人たちであっても、それほど幸せそうに見えないことがある」とある。「社会的に成功した人たちや裕福な人たち」が、みな幸せそうに見えないというわけではないので、適さない。　イ．本文中に「上向きの反実仮想的思考(現状よりもよりよいことを想像する)は～幸福感や満足感などを下げ、後悔を生じさせる」とあるので、適さない。　ウ．「足るを知る者は富む」という言葉は、むしろ「適度な下向きの反実仮想的思考」にあたるので、適さない。　エ．藤澤選手の言葉に着目すると、銅メダルをとった４年前の 2018 年のオリンピックは、「勝って終わって～あのときは嬉しい気持ちもあった」とある。このとき嬉しかったのは、本文の内容から考えると、銅メダルをとったメダリストに多い「下向きの反実仮想的思考」をしていたからだと考えられる。よって、適する。　オ．「下向きの反実仮想的思考」について、「適度な後悔を生じさせる」や「前向きに努力するきっかけをもたら」すといった内容は、本文からは読み取れない。よって、適さない。
カ．本文中に「下向きの反実仮想的思考(現状よりも悪い結果を想像する)は自分がやり遂げたことを見つめなおし、現状を客観的に評価することなども促す」とあるので、適する。

《2023　算数　解説》

1　(1)　与式＝16－２＋６＝14＋６＝**20**

(2)　与式＝0.8÷２＝**0.4**

2　三角形ＢＡＣはＡＢ＝ＣＢの二等辺三角形だから，角ＢＡＣ＝角ＢＣＡ＝(180°－80°)÷２＝50°
三角形ＤＡＣはＡＤ＝ＣＤの二等辺三角形だから，角ＤＡＣ＝角ＤＣＡ＝90°－50°＝40°
よって，㋐の角の大きさは，180°－40°×２＝**100°**

3　十の位の数の選び方は，１～４の４通りある。その４通りに対して，一の位の数の選び方が０～４のうち十の位で選んだ数を除く４通りあるから，全部で４×４＝**16(通り)**の整数ができる。

4　**【解き方】おもりの重さと伸びたばねの長さは比例する。ばねのもとの長さを考える。**
おもりの重さを 200－100＝100(g)大きくすると，ばねは 48－44＝４(cm)伸びる。
よって，ばねのもとの長さは，44－４＝40(cm)である。おもりをつり下げるとばねが 56 cmになるとき，伸びたばねの長さは 56－40＝16(cm)だから，このときのおもりの重さは，$100\times\frac{16}{4}$＝**400(g)**

5　**【解き方】33 の約数は１，３，11，33 なので，11 を約数にもち，３を約数にもたない整数のうち，約数が６個の最小の数を考える。**
11 の倍数のうち，約数の個数が６個になる最小の数は 44(１，２，４，11，22，44)であり，これは３を約数にもたないので，求める数は **44** である。

6　みかん８－４＝４(個)のねだんは 740－500＝240(円)なので，りんご２個のねだんは，500－240＝260(円)
よって，りんご１個のねだんは，260÷２＝**130(円)**

7 **【解き方】(平均点)＝(合計点)÷(回数)だから，(合計点)＝(平均点)×(回数)で求められる。**

3回目までの合計点は90×３＝270(点)，４回目までの合計点は92×４＝368(点)だから，４回目の点数は，368－270＝**98(点)**

8 **【解き方】グラフから右のことがわかる。お母さんが家を出てからも，Ａさんは同じ速さで進み続ける。**

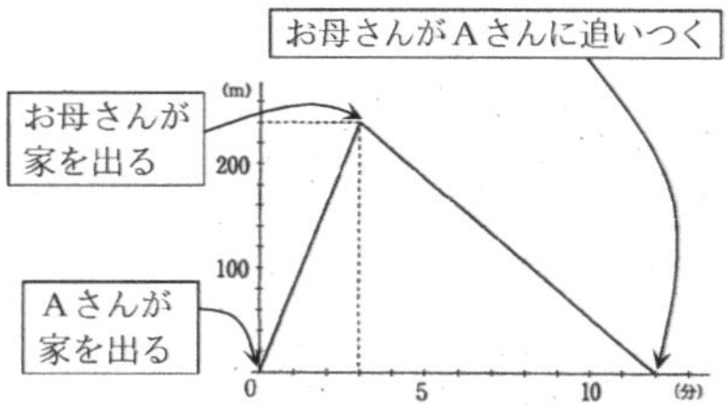

グラフの横のマスは５マスで５分を表すので，１マスで５÷５＝１(分)を表す。グラフのたてのマスは５マスで100mを表すので，１マスで100÷５＝20(m)を表す。

Ａさんは３分で240m進むから，Ａさんの速さは，毎分(240÷３)ｍ＝毎分80m

お母さんがＡさんに追いついたとき，Ａさんは12分進んでいるから，求める距離(きょり)は，80×12＝**960(m)**

9 **【解き方】１回目と２回目にシュートを決めた人に注目して考える。**

７＝２＋２＋３，４＝２＋２より，合計得点が７点または４点である３＋９＝12(人)は，１回目と２回目ともにシュートを決めた。５＝２＋３より，合計得点が５点または２点である５＋18＝23(人)は，１回目か２回目のどちらかで１回シュートを決めた。１回目にシュートを決めた人は18人なので，この23人のうち，18－12＝６(人)が１回目にシュートを決めた。よって，23人のうち，２回目にシュートを決めた人は，23－６＝17(人)

したがって，２回目にシュートを決めた人は，12＋17＝**29(人)**

10 **【解き方】右のように作図すると，三角形ＡＢＨは30°，60°，90°の直角三角形となるので，三角形ＡＢＨを２つあわせると，１辺がＡＢ＝４cmの正三角形ができる。**

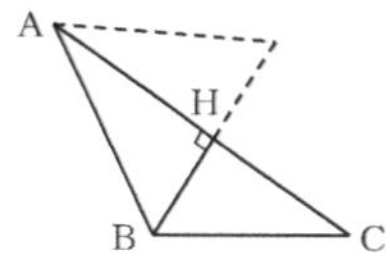

ＢＨ＝４÷２＝２(cm)だから，三角形ＡＢＣの面積は，ＡＣ×ＢＨ÷２＝６×２÷２＝**６(cm²)**

11 **【解き方】**㋐**おもりを立てて入れたときの水につかっていない部分の円柱の体積と，おもりをたおして入れたことで増えた水の高さを高さとする，底面が水そうの底面と同じ直方体の体積は等しいことを利用する。**

円柱の底面の半径は20÷２＝10(cm)だから，㋐は，10×10×3.14×(30－20)＝3140(cm³)

増えた水の高さは22－20＝２(cm)だから，水そうの底面積は，3140÷２＝**1570(cm²)**

12 貸し出された本の21％が4410さつだから，６年生(15％)に貸し出された本は，$4410\times\frac{15}{21}=3150$(さつ)

よって，$30\%=\frac{30}{100}=0.3$だから，６年生に貸し出された物語の本は，3150×0.3＝**945(さつ)**

13 **【解き方】１，１，１＋１＝２，１＋２＝３，３＋５＝８，５＋８＝13，…より，この数の並びにある数は，その１つ前と２つ前の数の和になることがわかる。**

17711と17711の１つ前の数の和が28657となるので，17711の１つ前の数は，28657－17711＝10946

10946と17711の２つ前の数の和が17711となるので，17711の２つ前の数は，17711－10946＝**6765**

2022 解答例 令和4年度 ★愛知教育大学附属名古屋中学校

《国　語》

一　問1．エ　問2．エ　問3．ウ　問4．ア　問5．ものごとの　問6．ア
問7．おもしろく読んでくれる　問8．スクープ　問9．イ　問10．エ，オ

二　問1．何を目標～しょうか　問2．A．オ　B．イ　問3．ウ　問4．あ．人生　い．手段
問5．最終的な目標　問6．(1)エ　(2)イ　問7．ウ
問8．(例文)にんじんがきらいな私でも、このケーキなら食べられそうです。

三　①こころざ　②再開　③引率　④謝る　⑤街

《算　数》

1　(1)9　(2)10

2　70

3　12

4　い

5　33

6　65

7　7

8　10

9　4951

10　8

11　6

12　44.88

13　種類…バニラ　個数…125

14　月曜日から金曜日それぞれの貸し出した本のさつ数が，30 さつより何さつ少ないかの平均を表している。

《2022 国語 解説》

一 問1 「むねをはる」というのは、自信がある様子を表すことば。よって、エが適する。

問2 5行前に「つくえのあしをけって立ちあがる」とあり、二人の編集会議は言い争いになりかけていることがわかる。汐見(しおみ)先生は「二人とも、そう、熱くなるな」と言って二人を落ち着かせようとし、「何をのせるかの前に方針(ほうしん)を決めよう」と提案して、話し合いの手助けをしようとしている。よって、エが適する。

問3 2行前で「うそはいやだ」と言っているので、ウの「正義感」が入る。

問4 直前のやりとりに着目する。「ぼく」は「うそじゃなきゃ、真実だよ。かんたんだ」と言っていて、このことにまったく疑いをもっていない。しかし、魔王(まおう)は「ぼく」の言葉に対して、真実かどうかはかんたんに決められないと言った。――線③は、「うそじゃなきゃ、真実だ」という、「ぼく」にとっては当然の考えについて、魔王が納得していないことに対する反応である。よって、アが適する。

問5 汐見先生が感心したのは、2行前で先生が口にしている「ものの見方は人によってちがうから真実もちがう」という考えである。これと同じ内容が書かれている部分を、魔王の発言の中から探せばよい。

問7 直前に「つまりまとめると」とあるので、先生は二人が話した方針をここでまとめている。よって、二人が先生に話をした部分から、「興味をもって読む」と同じような内容を探せばよい。

問8 文章の前の方で、「ぼく」は「スクープ(を書く／する)」ことにかなりこだわっている。そのため、先生がまとめた方針に「スクープ」という言葉が入っていないことを残念がっている。

問10 エ.「ぼく」の心の中の声が地の文に書かれていて、他の登場人物の言動も、「ぼく」から見たものが書かれているので、「『ぼく』の目線で書かれて」いるといえる。また、「しらっとした口調で冷たくいう」「もう、がまんの限界だった」などから、「ぼく」の不満やいらだちが読み取れる。よって、適する。 オ.給食の献立(こんだて)について書くという話をしている部分の「うーんと」からは、困っている様子が読み取れる。また、――線③の直前の「えーっ？」からは、予想外の意見が出たことへのおどろきやとまどいが読み取れる。よって、適する。

二 問1 直後に「問い」とあるので、――線①より前から、問いかけになっている部分を探す。

問3 ――線②とウの「の」は、「の」をふくむ文節が主語であることを表すはたらきをしている。――線②とウの「の」は、どちらも「の」を「が」に置きかえても意味が通る。

問4あ この文章は、人生の目標を話題の中心に置いて書いている。[あ]の前にある「いま挙げたもの」とは、直前の2段落に書かれている「望ましいもの」であり、どれも人生を歩んでいくなかで手に入れたいものである。

い 「他のものの[い]とはならない」と、次の行の「何かのためにではなく」は、同じような内容を表している。よって、ここには「手段」が入る。

問5 ――線③をふくむ一文は、直前の「最終的な目標というのがあるのでしょうか」を言いかえたもの。よって、「最終的な目標」と「望ましいものそのもの」は同じ意味で用いられている。

問6(1) 文の最初に「うまくその職業に就けば」とあるので、この一文が入る部分の前に「職業」という言葉がでてくると考えられる。「その職業」という部分は、[エ]の直前の「めざす職業」を指している。 (2) この一文に書かれているのは、人生の目標の一例である。[イ]をふくむ段落では、人生の目標の例をいくつもならべて書いているので、ここに入る。

問７ [あ] をふくむ段落の１～５行目の「いま挙げたものはすべて望ましいものでしょうが～言えそうです」や最後の段落の内容と、ウの内容が一致する。

《2022 算数 解説》

1 (1) 与式＝12－３＝９

(2) 与式＝$(\frac{2}{3}-\frac{1}{4})\times 24=\frac{2}{3}\times 24-\frac{1}{4}\times 24=16-6=10$

2 **【解き方】平行四辺形のとなりあう内角の和は 180°になることを利用する。**

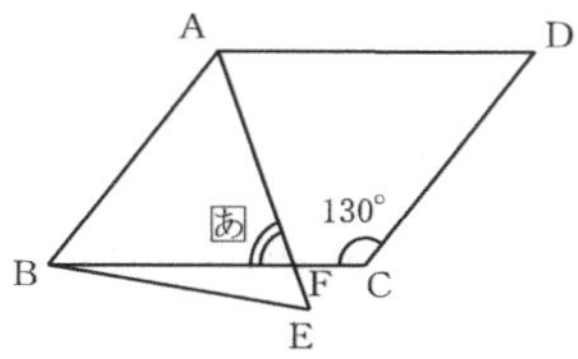

角ＡＢＣ＝180°－130°＝50°で，角ＢＡＥ＝60°だから，右図の三角形ＡＢＦの内角の和より，角[あ]＝180°－50°－60°＝70°

3 班長→副班長の順に決めるとすると，班長の決め方はＡ，Ｂ，Ｃ，Ｄの４通りあり，その１通りごとに副班長の決め方が残った３人の３通りある。よって，全部で，４×３＝12(通り)

4 **【解き方】グラフが途中で折れて，水の深さの増え方が速くなったことがわかる。したがって，水が入る部分の底面積が途中で小さくなり，変化はその１回だけの立体を選ぶ。**

[あ]ならばグラフは直線になる。[う]ならばグラフは途中で１回折れ，水の深さの増え方がおそくなる。[え]ならばグラフは途中で２回折れる。よって，[い]が正しい。

5 **【解き方】６でも15でもわり切れる数は，６と15の最小公倍数である30の倍数である。**

１から1000までの整数のうち，30の倍数は，1000÷30＝33余り10より，33個ある。

よって，求める個数は33個である。

6 **【解き方】おもりの重さを軽い順に，(軽)，(中)，(重)とし，２個ずつの組み合わせと重さの関係をまとめる。**

(軽)＋(中)＝80ｇ，(軽)＋(重)＝100ｇ，(中)＋(重)＝110ｇである。これらを足し合わせると，

(軽)×２＋(中)×２＋(重)×２＝80＋100＋110＝290(ｇ)となるから，(軽)＋(中)＋(重)＝290÷２＝145(ｇ)

よって，(重)＝((軽)＋(中)＋(重))－((軽)＋(中))＝145－80＝65(ｇ)

7 **【解き方】右のような表にまとめ，㋐の人数を求める。**

		電車		合計
		○	×	
バス	○	㋐		13人
	×	㋒	６人	㋑
合計		24人		36人

㋑＝36－13＝23，㋒＝23－６＝17，㋐＝24－17＝７

よって，求める人数は７人である。

8 **【解き方】１回目にはね上がった高さは，(２回目にはね上がった高さ)÷$\frac{30}{100}$＝(２回目にはね上がった高さ)×$\frac{10}{3}$で，$\frac{10}{3}$をかけると求められる。**

建物の高さは，(２回目にはね上がった高さ)×$\frac{10}{3}\times\frac{10}{3}=90\times\frac{10}{3}\times\frac{10}{3}=1000$(cm)，つまり，10m。

9 **【解き方】この数の列では，１が１個，２が２個，３が３個，……，98が98個，99が99個，……と並んでいる。**

１から最後の99までの数の個数は，１＋２＋３＋…＋99(個)である。この計算結果の２倍は，右の筆算より，100×99となるから，

$1+2+3+\cdots+99=\frac{100\times 99}{2}=4950$

```
   1＋  2＋  3＋……＋ 99
＋) 99＋ 98＋ 97＋……＋  1
 100＋100＋100＋……＋100
```

よって，１つ目の100は，左から順に数えて4950＋１＝4951(番目)の整数である。

10 **【解き方】右図は立体を上から見た図である。横から見ると２列に見えるのだから，「横」とは①か②の方向である。Ａ～Ｅの各マスに積み木が何個積まれているかを考える。**

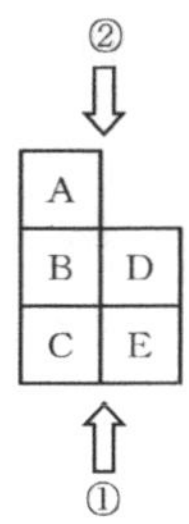

積み木の数が最も少なくなるとき，「横」が①の場合，Ａ，Ｂ，Ｃのうち１マスに３個，残り２マスに１個ずつ積み木があり，Ｄ，Ｅのうち１マスに２個，１マスに１個積み木がある。

積み木の数が最も少なくなるとき，「横」が②の場合，A，B，Cのうち１マスに２個，残り２マスに１個ずつ積み木があり，D，Eのうち１マスに３個，１マスに１個積み木がある。

よって，求める個数は，３＋２＋１×３＝８(個)

11 **【解き方】直線あの周りに１回転させると右図①の円柱が，直線いの周りに１回転させると図②の円柱ができる。図①の円柱の体積をもとに，図②の円柱の底面積を求める。**

図①

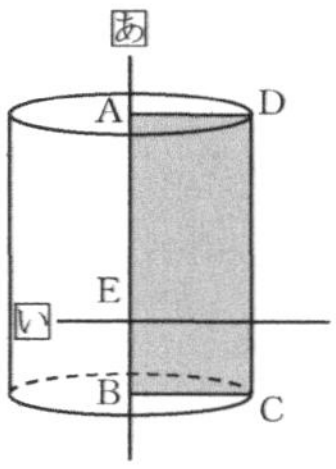

図②

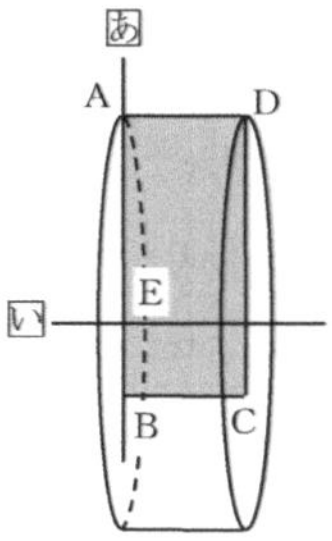

図①の円柱の体積は，４×４×3.14×９＝144×3.14(㎤)

図②の円柱は体積が 144×3.14(㎤)，高さがＡＤ＝４㎝だから，

底面積は，144×3.14÷４＝36×3.14＝６×６×3.14(㎠)

よって，図②の立体の底面の半径は６㎝だから，ＡＥ＝６㎝

12 **【解き方】図形の対称性から白い部分を面積を変えずに右図のように移動できるので，四角形の面積から半円の面積を引けばよい。また，対角線が垂直に交わる四角形の面積は，(対角線)×(対角線)÷２で求められることを利用する。**

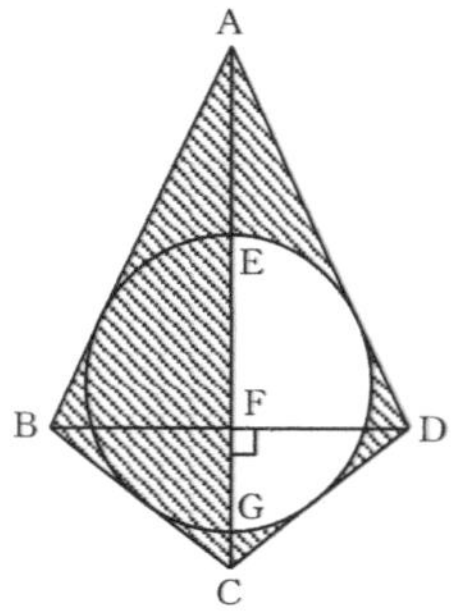

四角形ＡＢＣＤの面積は，14×10÷２＝70(㎠)

ＥＧ＝14－５－１＝８(㎝)だから，円の直径は８㎝，半径は４㎝なので，

半円の面積は，４×４×3.14÷２＝８×3.14＝25.12(㎠)

よって，色のついた部分の面積は，70－25.12＝44.88(㎠)

13 **【解き方】４～６月と７～９月ではもとにする個数が異なるので，割合だけで比べてはいけない。各種類の実際の個数を調べる。**

バニラの売れた個数は，４～６月が $200\times\frac{50}{100}$＝100(個)，７～９月が $500\times\frac{45}{100}$＝225(個)だから，増えた個数は，225－100＝125(個)　他の種類についても同様に計算すると，右表のようにまとめられる。よって，売れた個数が最も増えたのはバニラで，その個数は 125 個である。

種類	４～６月の個数	７～９月の個数	増えた個数
バニラ	100	225	125
ストロベリー	40	150	110
まっ茶	20	75	55
チョコレート	30	25	減った
その他	10	25	15

14 Ａさんは，30 さつを仮の平均とし，各曜日のさつ数が平均してどれくらい 30 さつより少ないかを計算している。30 さつより少ない冊数は，月曜日から順に，２さつ，３さつ，６さつ，１さつ，４さつであり，その平均は，(２＋３＋６＋１＋４)÷５＝3.2(さつ)となる。したがって，各曜日は平均して 30 さつより 3.2 さつ少ないので，平均のさつ数は，30－3.2＝26.8(さつ)となる。このように仮の平均を使うことで，より小さい数を使って計算することができるので，計算が簡単になる。

2021 解答例 令和3年度 ★愛知教育大学附属名古屋中学校

《国　語》

一　問1．ア　問2．いよいよ子　問3．目　問4．イ　問5．子犬のやわ　問6．ウ　問7．イ
問8．エ　問9．ウ　問10．ア　問11．ウ

二　問1．エ　問2．すべて～合って　問3．A．エ　B．イ　問4．①エ　②オ　問5．①ウ　②イ
問6．エ，オ　問7．(例文)私は、長く野球を続けているが、一度しか試合に出たことがない。

三　①むら　②講演　③往復　④耕す　⑤近

《算　数》

1　(1)2　(2)15

2　30

3　36

4　108

5　1.6

6　35

7　1600

8　い，お

9　3，45

10　33

11　(1)D　(2)C

12　$\frac{35}{4}$

13　3.44

《2021　国語　解説》

一　問３　「目を細くする」は、うれしさなどに笑みをたたえる様子。

問４　「こそばゆい」は、くすぐったいこと。子犬は「ぼく」の腕を何度か蹴ったが、まだ小さいので力が弱く、くすぐったく感じる程度だった。「小さなおなか」という子犬の描写や、保護センターのおじさんの「まだ生後一か月たつかどうか」という言葉などから、子犬の小ささが読みとれる。よってイが適する。

問６　かあさんがこれから話そうとしている、子犬の名前の提案は、子どもたちへの思いを伝えることでもあるので、「まじめな口調」になった。

問７　――線⑤の直前でかあさんが「ワンちゃんの名前なんだけど……ピコにしない？」というまでは、子どもたちは後ろに乗せた子犬のことが気になっていて、名前のことを考えたり話したりしている様子はない。よってイが適する。

問９　直前の「越がずっと抱いて、ごめんねごめんねって泣くから」より、越の悲しむ姿に、自分も泣きたくなったと考えられる。よってウが適する。　ア．この時点では、かあさんは鳥が脳しんとうを起こしただけだとはわかっていないはずで、くやしいとは思っていない。　イ・エ．このときの越はまだ三歳で、つわりのことをわかっているとは考えにくいし、かあさんがその苦しさを越にわかってもらえないからといって、泣きたくなったとは思えない。

問 10　――線⑦の少し前に、「『へえ。でも、どうしてその鳥の名前を犬につけるの？』ぼくはちょっと不服だった」とある。かあさんが理由を説明したが、それを聞いても全面的に賛成したわけではなく、家族が賛成するのでそれに合わせた。そのことは、「とうさんまでが～なんていう」という表現や、――線⑦をふくむ、「仕方なく、ぼくも、『じゃあ、いいよ。みんながいいなら』」という部分から読みとれる。よってアが適する。

問 11　子犬を引き取ることがきっかけになり、つぐみが生まれる前、越が小鳥を一生懸命世話したエピソードや、「つぐみ」という名前の由来が明らかになるなど、家族の思いやつながりが表現されている。よってウが適する。　ア．とうさんがメス犬を飼うことに不安がなくなったのは、子犬に会う前で、かあさんにメス犬のほうが飼いやすいと言われた時。　イ．子犬と会う直前のつぐみについて、「家族で行動するときは～遅れがちについてくるつぐみが、めずらしくぼくの前を歩いた」とある。この様子から、会う前からすでに気持ちが高まっていると考えられるので「さわったりすることで～少しずつわくわくする気持ちが高まっている」は適さない。　エ．「ぼく」の気持ちはそれほどくわしく書かれていない。むしろ、家族の行動や会話がくわしく書かれている。

二　問１　助動詞「る・らる」には、「受け身」（他から動作を受ける）、「可能」（～できる）、「自発」（自然と起こる）、「尊敬」（動作を敬って言う）の４つの意味がある。――線①とエの「られ」は、「～できる」という意味なので「可能」。アとウは、動作を受けているので「受け身」、イは、校長先生の動作について言っているので「尊敬」。

問２　――線②の疑問に答えるために、二種類のゾウリムシを同じ水槽で飼う実験を紹介し、二種類とも生きのびることが可能な場合について「同じ水槽の中でも、ナンバー１を分け合うことができれば、競い合うこともなく共存することができます。生物学では、これを『棲み分け』と呼んでいます」と述べている。この現象を自然界に生きる「たくさんの生き物」に当てはめ、「すべての生き物は棲み分けをしながら、ナンバー１を分け合っています」と結論を述べている。

問4① 読者に呼びかける形で、この後に述べる内容が、予想外で驚(おどろ)くべきことであるということを印象付けている。　② オの2～3行後に「しかし」と逆接の接続詞があり、「ゾウリムシもミドリゾウリムシも、どちらもナンバー1の存在(そんざい)として生き残りました」と続くから、この前に、これとは反対の内容の「ナンバー1しか生きられない」が入る。

問5 指示語の内容は前にあることが多い。それぞれ直前の内容が、①と②と同じことを言っているものを選べばよい。

問6 ア.「二種類のゾウリムシが最初のうちから競い合っていることがわかる」とあるが、本文の8～9行目に「最初のうちは、ゾウリムシもヒメゾウリムシも共存しながら増えていきますが」とあるので、適さない。
イ. 本文9～10行目に「やがてゾウリムシは減少し始め、ついにはいなくなってしまいます」とあるので、適さない。　ウ. 確かにグラフ②では、ゾウリムシの方がミドリゾウリムシよりも数が多いが、このことから、ゾウリムシの方が「生き残りやすい」とは言えない。　エとオは、グラフと本文の内容と一致(いっち)する。　カ. グラフ②と本文の内容から、ゾウリムシとミドリゾウリムシの場合は競い合うことなく共存できるので、適さない。

問7 「しか」は、「しか～ない」の形で、ある物事を取り上げて、それ以外を否定する表現。打ち消しの語「ない」とセットにすることに注意する。

《2021　算数　解説》

1 (1) 与式$=12-10=2$

(2) 与式$=18\times(\frac{1}{2}+\frac{1}{3})=18\times\frac{1}{2}+18\times\frac{1}{3}=9+6=15$

2 $20:24=5:6$だから，$\square=25\times\frac{6}{5}=30$

3 **【解き方】三角柱の体積は，(底面積)×(高さ)で求められる。**

底面積が$4\times3\div2=6$(cm²)だから，体積は，$6\times6=36$(cm³)

4 **【解き方】走った時間と走った道のりは比例しているから，時間が2倍，3倍，…になると，道のりも2倍，3倍，…になる。**

2時間＝(2×60)分＝120分は20分の120÷20＝6(倍)だから，2時間で走る道のりは18kmの6倍の，18×6＝108(km)

5 4人の100m走の最高記録の合計は，13.9＋14.3＋14.7＋14.2＝57.1(秒)である。したがって，リレーでは3回のバトンパスによって57.1－52.3＝4.8(秒)記録を短くすることができたと考えられる。よって，平均すると1回のバトンパスで短くすることができた記録は，4.8÷3＝1.6(秒)

6 **【解き方】各段の積み木の個数の規則性を考える。**

何段積み上げた場合でも，上から1段目は1個，上から2段目は1＋2＝3(個)，上から3段目は1＋2＋3＝6(個)，上から4段目は1＋2＋3＋4＝10(個)，上から5段目は1＋2＋3＋4＋5＝15(個)である。

よって，5段積み上げたとき積み木は全部で，1＋3＋6＋10＋15＝35(個)

7 算数と答えた人数が全体の54－38＝16(%)だから，求める人数は，$256\div\frac{16}{100}=1600$(人)

8 **【解き方】立方体の展開図は右図の①～⑪の 11 種類ですべてなので，覚えておくとよい。①～⑥のように，4つの面が1列に並び，その上下に1面ずつがくっついている形が基本的な形である。立方体の展開図では面を 90° ずつ回転移動させることができるので，⑤の左端(ひだりはし)の面を上に回転移動させると⑦になる。⑦の一番下の面を右に回転移動させていくと，⑧と⑨ができる。⑩と⑪は覚えやすい形なので，そのまま覚えるとよい。**

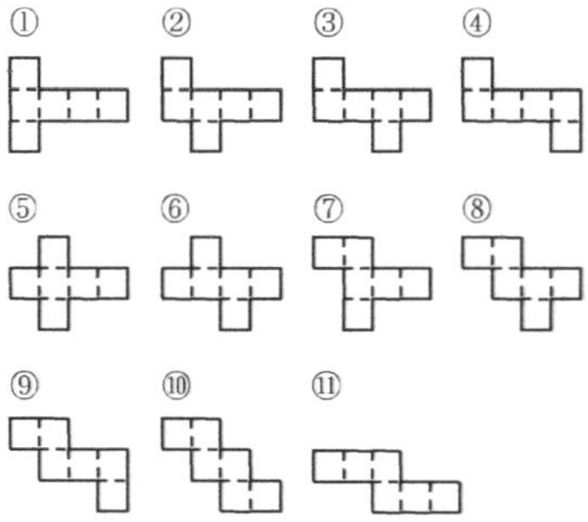

①～⑪の中にないのは，[い]と[お]である。

9 **【解き方】プールの容積を①としてもよいが，計算を簡単にするために，プールの容積を 30 と 20 の最小公倍数の⑥⓪とする。**

１時間に入れられる水の量は，Aが⑥⓪÷30＝②，Bが⑥⓪÷20＝③である。A２本とB４本を同時に使うと，１時間に②×２＋③×４＝⑯の水が入る。よって，満水になるまでの時間は，⑥⓪÷⑯＝$\frac{15}{4}$＝３$\frac{3}{4}$(時間)，つまり，３時間($\frac{3}{4}$×60)分＝３時間 45 分

10 **【解き方】三角形ＢＥＣはＢＣ＝ＢＥの二等辺三角形であることを利用する。**

三角形ＡＢＣと三角形ＤＢＥが合同だから，角ＤＢＥ＝角ＡＢＣ＝38°

三角形ＢＥＣが二等辺三角形だから，角ＢＥＣ＝(180°－38°)÷２＝71°

三角形の１つの外角は，これととなり合わない２つの内角の和に等しいから，

三角形ＤＢＥにおいて，角[あ]＝角ＢＥＣ－角ＤＢＥ＝71°－38°＝33°

11 (1) **【解き方】右のように表にまとめて考える。**

	だれからのを受け取ったか
A	D以外
B	D以外
C	AかB
D	AかE
E	

Ａ～Ｅそれぞれのプレゼントの行き先を考えると，Ｄのプレゼントは E 以外には行っていない。

よって，ＥはＤのプレゼントを受け取った。

(2) ＥはＤからのプレゼントを受け取ったので，ＤはＡからの，ＣはＢからのを受け取ったとわかる。あとはＣとＥのプレゼントの行き先がわかっていないが，ＣのがＢに行ったとすると，ＢとＣだけでプレゼントを交換し合ったことになるので，条件に合わない。

よって，ＣのはＡに行ったので，ＡはＣのプレゼントを受け取った。

12 **【解き方】$\frac{8}{5}$をかけても$\frac{12}{7}$をかけても整数になる分数は，分子が５と７の公倍数で，分母が８と 12 の公約数である。**

１番小さい分数を求めるのだから，分子は５と７の最小公倍数の 35，分母は８と 12 の最大公約数の４だから，求める分数は，$\frac{35}{4}$である。

13 **【解き方】直角二等辺三角形ＡＢＣの面積から，白いおうぎ形の面積を引けばよい。三角形ＡＢＣの面積は，対角線の長さが８cmの正方形の面積の半分である。**

正方形の面積はひし形の面積の公式を使って，(対角線)×(対角線)÷２で求められるから，

三角形ＡＢＣの面積は，８×８÷２÷２＝16(cm²)

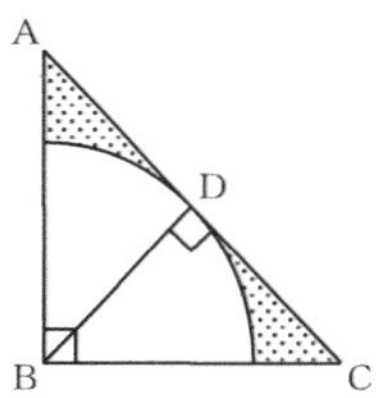

おうぎ形の曲線部分とＡＣが接する点をＤとすると，ＤはＡＣの真ん中の点である。

角ＢＤＣ＝90°，角ＢＣＤ＝45°だから，三角形ＢＣＤは直角二等辺三角形なので，

ＢＤ＝ＣＤ＝８÷２＝４(cm)　　おうぎ形の半径が４cmだから，おうぎ形の面積は，

４×４×3.14×$\frac{1}{4}$＝４×3.14＝12.56(cm²)

よって，色をつけた部分の面積は，16－12.56＝3.44(cm²)

★愛知教育大学附属名古屋中学校

《国　語》

一　問1．ウ　問2．エ　問3．イ　問4．目元　問5．ア　問6．エ　問7．イ　問8．ウ
問9．ボテボテの　問10．エ　問11．ウ

二　問1．あ．自分ゴト　い．道路　う．安全　問2．ウ　問3．自動的　問4．A．ウ　B．イ
問5．自分で気を　問6．イ　問7．ア　問8．(例文)昨日から降り続いた雨はやんだものの、道路はまだぬれている。

三　①つつ　②省略　③容易　④囲む　⑤境

《算　数》

1　(1)1964　(2)$\frac{1}{3}$

2　20

3　78.5

4　3

5　17.5

6　4

7　70

8　51

9　1.2

10　(ア)F　(イ)D

11　(1)B　(2)67

12　26

13　8064

《2020　国語　解説》

一　問1　前書きに着目する。本文は、キャプテンだった周斗(しゅうと)が、大地(だいち)にキャプテンをかえると告げられた直後の場面。このショックがあったため、コーチに激励(げきれい)されても、周斗は返事をしなかったのである。よってウが適する。

問3　直前の２行に着目する。「こないだの試合のときまで～はめていたキャプテンマーク」から、エの「一度もはめずに」は適さない。「まさかこれを人に手わたすときが来るとはつゆほども思わなかった」から、アの「自分以外の誰(だれ)かがキャプテンになるかもしれないと～感じていたから」、ウの「二度とキャプテンマークをはめることはないとあきらめていた」は適さない。残ったイが適する。この後で新たにキャプテンになった大地に強い怒(いか)りを感じていること、大地の高い能力を知らなかったことから、――線③の時点の周斗は、自分がキャプテンであることに、自信や誇(ほこ)りを持っていたと考えられる。

問4　大地について――線②の直後で「涼(すず)しげな目元」と言っている。「クールな」と「涼しげな」は同じような意味なので「目元」が入る。

問5　自分のものだったキャプテンマークが大地のものになり、リュックにしまわれてしまった場面だから、周斗はつらく感じていたはずである。「ファスナーに挟(はさ)まれたみたいに」という表現も踏(ふ)まえると、「周斗の胸は」「しくっと痛んだ」が適当。よってアが適する。

問7　キャプテンの座を大地に奪(うば)われた周斗は、キャプテンマークを渡(わた)すときに、大地のしぐさを「ざーとらしい（わざとらしい）」と感じ、受け取った大地がうれしそうな表情をしたのを見て「マグマのように噴出(ふんしゅつ)してくる」激しい怒りを感じた。このような気持ちだったので、大地と長く会話する気にならなかったのである。よってイが適する。

問8　［う］の前後の「大地が定位置についてこちらを振り向く前に～しかも正面ではなく」「半分わざとだった」などを参照。周斗は大地に腹を立てていたので、返しにくいパスを出したのである。よってウが適する。

問10　入団したばかりなのにキャプテンになった大地に、周斗は最初激しい怒りを感じたが、大地とパス練習をするうちに、大地は自分よりサッカーがうまく、非常に高い技術を持っていることに気づいた。さらに、大地には、周斗がミスしても自分があやまってくるというやさしさもあった。そのおどろきや焦(あせ)りから、背筋が寒くなる感じがしたのである。そのような周斗の気持ちに合わない、エが適する。

問11　「このマグマのように噴出してくる～熱い感情」「周斗の胸もファスナーに挟まれたみたいに」などのたとえで、周斗の気持ちを表現しているので、ウが適する。ア．周斗がわざと外して蹴(け)ったパスも、大地は正確に返した。最後の段落にも「大地が蹴り出す全てのボールは、完璧(かんぺき)にコントロールされていた」とあるので適さない。イ．「背中がすうすうした」で終わっていることに注意。大地の才能に焦りやおどろきは感じているが、「キャプテンをゆずることになっとく」するところまでいっていない。　エ．一文が長いということはない。

二　問1あ　［あ］の具体例が２段落に書かれており、３段落で、この不便なやり方によって、マネージャーの主体的な姿勢が引き出され、仕事が「自分ゴト」になるという良い面があったことを述べている。「自分ゴト」の例を４段落でもあげていることから、この言葉がこの文章のキーワードであると予測できる。　**い**　道路の安全を担(にな)うのが外側の安全装置である「道路そのもの」から、「道路の利用者」になった。　**う**　「安全」と「安心」とは別物であるという流れから予測できる。

問2　助動詞の「そうです」には「伝聞」と「様態」の２つの意味がある。――線①とウは、他人から聞いたことなので、「伝聞」。よってウが適する。アとエは、自分で見てそういう様子だという判断しているので「様態」。イは、副詞の「そう」と、「断定」の助動詞「です」。

問3　メーカーのシステムにある「便利機能」を説明した、２行前の「自動的にレポートを発行する便利機能」を指す。

問5　「自分ゴト」とは、最初の京都のメーカーの例にあったように、人に任せきりにしてきたことを主体的に自分でやること。この場合は安全を自分で確保しようとすること。よって、最後から３番目の段落の「自分で気をつけなければならない」をぬき出す。

問6　「前のシステムより～不便になっています」と比べているから、直前に「新しいシステム」の「不便さ」を説明した文が来るはずである。よってイが適する。

問7　第３段落に「部下のほうにも～知らされる機能がつけば、『マネージャーが気にしている重要な仕事を任されてる感』が生まれて、もっとうまくゆくような気がします」とある。これは仮定の話なので、まだ実現していない。システムが変更されたのは、「部下」ではなく「マネージャー」の見るシステムだけ。よってアが本文の内容として適当でない。

問8　「～ている」の形になっていることから、══ 線の「いる」は補助動詞。本来の動詞の意味を離(はな)れ、上の文節について補助的な役割をしている。

《2020　算数　解説》

1　(1)　与式＝2020－170＋114＝1850＋114＝1964

(2)　与式$=\frac{14}{15}\times(\frac{7}{14}-\frac{2}{14})=\frac{14}{15}\times\frac{5}{14}=\frac{1}{3}$

2　与式より，□－５＝165÷11　　□＝15＋５＝20

3　半径が 10 ㎝，中心角が 90 度のおうぎ形なので，求める面積は，$10\times10\times3.14\times\frac{90}{360}=25\times3.14=78.5$(㎠)である。

4　５日間で借りたさっ数の合計は，4.2×５＝21(さつ)なので，木曜日に借りた本は，
21－(０＋６＋７＋５)＝21－18＝３(さつ)である。

5　グラフは点(４分，５Ｌ)を通っているので，４分間で水が５Ｌ出る。
よって，14 分間で水が$5\times\frac{14}{4}=\frac{35}{2}=17.5$(Ｌ)出る。

6　仕事の量を，㋐15 と 12 と 10 の最小公倍数である 60 とする。Ａ君が１日に行う仕事の量は，60÷15＝４，Ｂ君が１日に行う仕事の量は，60÷12＝５，Ｃ君が１日に行う仕事の量は，60÷10＝６である。よって，３人が１日に行う仕事の量の合計は，４＋５＋６＝15 である。よって，３人で仕事をすると，60÷15＝４(日)で終わる。

㋐について，３つ以上の数の最小公倍数を求めるときは，右のような筆算を利用する。
３つの数のうち２つ以上を割り切れる素数で次々に割っていき(割れない数はそのまま下におろす)，割った数と割られた結果残った数をすべてかけあわせれば，最小公倍数となる。

2)	15	12	10
3)	15	6	5
5)	5	2	5
	1	2	1

よって，15 と 12 と 10 の最小公倍数は，２×３×５×１×２×１＝60 である。

7　テニスと答えた子どもと卓球と答えた子どもの差である６－４＝２(％)が５人にあたるので，サッカーと答えた子どもの人数は，$5\times\frac{28}{2}=70$(人)である。

8　右図のように記号をおく。三角形の１つの外角は，これととなりあわない２つの内角の和に等しいから，三角形ＡＤＣにおいて，角あと角いの和は，40＋36＝76(度)である。よって，角あ$=76\times\frac{3}{4}=57$(度)である。
三角形ＡＢＣはＡＢ＝ＡＣの二等辺三角形なので，角ＡＢＣ＝(180－36)÷２＝

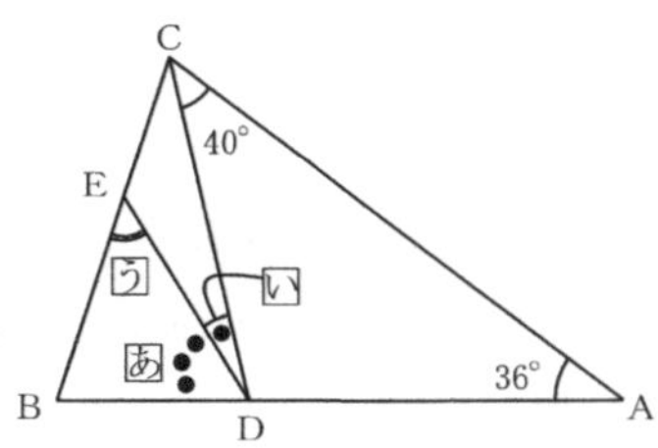

72(度)である。三角形ＥＢＤについて，内角の和は 180 度なので，

角[う]＝180－角ＥＢＤ－角[あ]＝180－72－57＝51(度)である。

9 Ｂさんの速さがＡさんと同じならば，Ａさんより 12 分遅れて図書館に着くが，実際は３分遅れただけなので，家から図書館までにかかる時間は，Ｂさんの方が 12－３＝９(分)早かったことになる。同じ道のりを進むときにかかる時間の比は速さの逆比に等しく，ＡさんとＢさんの速さの比は 80：200＝２：５だから，かかる時間の比は５：２である。この比の数の５－２＝３が９分にあたるので，Ｂさんがかかった時間は，$9\times\frac{2}{3}=6$ (分)である。よって，家から図書館までの道のりは，200×６＝1200(m)，つまり，$\frac{1200}{1000}$km＝1.2 kmである。

10 この立体の展開図では，図Ⅰのように三角形が２つ重なっている部分を立体に戻すと，図Ⅱの太線部分のようになる。よって，頂点ａからの距離(きょり)が一番遠い頂点がｂとなることがわかる。したがって，図Ⅲより，(ア)はＡからの距離が一番遠いＦ，(イ)はＢからの距離が一番遠いＤがあてはまる。

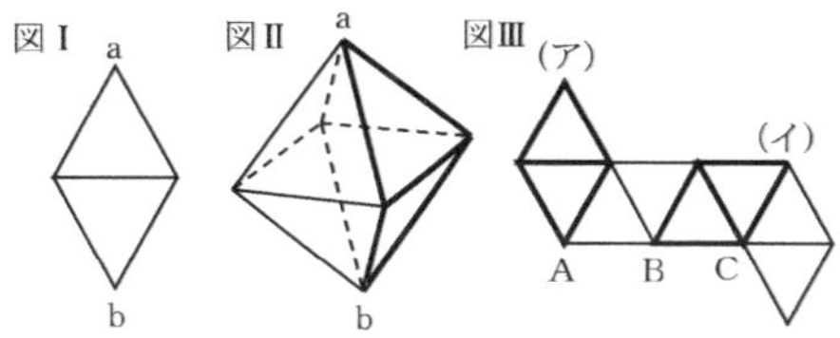

11 この文字の並びは，Ａ，Ｂ，Ｃを１個ずつ並べ，さらにＡ，Ｂ，Ｃを２個ずつ，３個ずつ，…と並べている。Ａ，Ｂ，Ｃを１個ずつ並べたものを[1]，Ａ，Ｂ，Ｃを２個ずつ並べたものを[2]，…と表す。

(1) [1]，[2]，[3]までで文字は１×３＋２×３＋３×３＝(１＋２＋３)×３＝18(個)並んでいる。

[4]は文字が４×３＝12(個)並んでいるので，25 番目の文字は，[4]の左から 25－18＝７(番目)の文字である。

[4]は，Ａ，Ａ，Ａ，Ａ，Ｂ，Ｂ，Ｂ，Ｂ，…と並んでいるので，求める文字は，Ｂである。

(2) Ａは[1]で１個，[2]で２個，…とあるので，[1]から[6]までに１＋２＋３＋４＋５＋６＝21(個)ある。[7]はＡが７個あるので，Ａが 25 回目に出てくるのは，[7]の左から 25－21＝４(番目)である。[1]から[6]までで文字は(１＋２＋３＋４＋５＋６)×３＝63(個)並んでいるので，Ａが 25 回目に出てくるのは 63＋４＝67(番目)である。

12 全部の個数から，かごに入ったボールの個数を引いて求める。

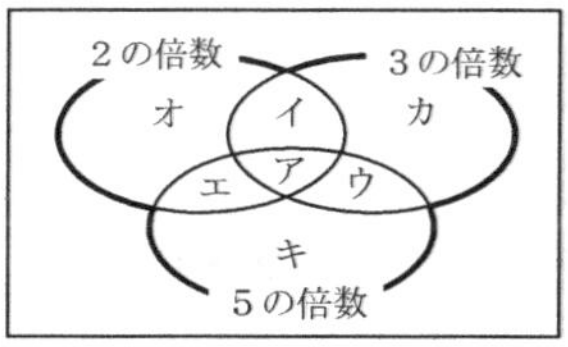

かごに入ったボールを右図のように表す(太線で囲まれた部分にボールが入る)。アには２と３と５の最小公倍数である 30 の倍数，ア＋イには２と３の最小公倍数である６の倍数，ア＋ウには３と５の最小公倍数である 15 の倍数，ア＋エには２と５の最小公倍数である 10 の倍数が入る。

１から 100 までの整数のうち，２，３，５，６，10，15，30 の倍数はそれぞれ，100÷２＝50(個)，100÷３＝33 余り１より 33 個，100÷５＝20(個)，100÷６＝16 余り４より 16 個，100÷10＝10(個)，100÷15＝６余り 10 より６個，100÷30＝３余り 10 より３個ある。したがって，かごに入るボールの個数は，

(２の倍数の個数)＋(３の倍数の個数)＋(５の倍数の個数)－(６の倍数の個数)－(10 の倍数の個数)－(15 の倍数の個数)＋(30 の倍数の個数)＝50＋33＋20－16－10－６＋３＝74(個)ある。

よって，かごに入らなかったボールは 100－74＝26(個)である。

13 立方体Ａと新しい立体の表面積を比べると，２つの立体を上下から見ても見える面の面積は変わらず，左右前後から見たときの見える面の面積が変化しているので，立方体Ｂの側面積の分(１つの面の面積４つ分)だけ増えていることがわかる。よって，立方体Ｂの１つの面の面積は 64÷４＝16(㎠)なので，16＝４×４より，立方体Ｂの１辺の長さは４cmである。したがって，立方体Ａの１辺の長さは４×５＝20(cm)なので，新しい立体の体積は，４×４×４＋20×20×20＝64＋8000＝8064(㎤)である。

2019 解答例
平成31年度

★愛知教育大学附属名古屋中学校

《国　語》

一　問1．イ　　問2．ア　　問3．前けい　　問4．エ　　問5．エ　　問6．ウ　　問7．ウ　　問8．手
　問9．エ　　問10．うのだ。　　問11．ウ

二　問1．A．エ　B．ア　　問2．イ　　問3．イ　　問4．あ．文字　い．ヒト　　問5．文化を伝えること
　問6．個人や集団　　問7．さて、これまで　　問8．ア　　問9．(例文)警察は、あらゆる手段を使って犯人を探し、つかまえた。

三　①しる　　②功績　　③清潔　　④治める　　⑤建

《算　数》

1　(1)2　　(2)24

2　90

3　30

4　8：15

5　33

6　28

7　20

8　75

9　60

10　59.66

11　(1)23　　(2)●●●●●

12　木

13　75.36

愛知教育大学附属名古屋中学校

《2019 国語 解説》

一 問２ 「黙っていれば事が済む、周りがそれなりに動いてくれる、そう思って」いつも宝がそうしてきたこと。あるいはそういう態度。父親はこのあと、「どうしたいって意思表示もしないで、察してくれなんていうのは、甘えだ」と断言し、「宝の(甘えてなんかいないという)否定をすぱりと斬り落とした」。続いて、「ただ受け身でいればいいなんて思うな」と言っているところからも推測できる。選択肢の中で最も受け身で、ふつうの意味での「甘え」に近いのは「えんりょ」のないア。

問３ いつもの父親の「芝居がかった」態度については、直前で、「声が大きくて、全身からむだに熱を放ち、元気だ勇気だ情熱だと宝に引火させようとする」と説明している。ただ今日は「父親の様子がいつもとちがう」ふうで、「淡々と」話していたが、宝が「ようやく、くやしいって感じただろう」(つまり、「宝に引火させ」ることに成功した)と思ったので、「そこで父親のスイッチが入った」。そしていつもの「芝居がかった」様子で話し始める寸前が正答部。この時の父親の様子について、少し後で「血を沸騰させる勢いで語っていた」と描写している。

問４ 父親は母親が撮ってきたビデオを見て、この前の団体戦で宝はショックを受けたと推測し、あるいは思いこみ、――線④の２～４、６、８～11 行後のようなことを述べた。しかし、これを聞いて宝が実際に感じた「ショック」は、――線④の 12～14 行後の「すうっと、胸が冷えた。確かにショックだ。ずっと持て余していた感情に、(父親に)勝手に、(嫉妬という)名前をつけられてしまったことが」ということである。よって、エが適する。

問５ その後の父親の「でも、そのあとの阿久津くんは、もっとよかった」という発言を、宝は「そうだ。それが、わかっていたからだ」と認めているので、エが適する。ただし、それは「嫉妬」というようなものではなく、そう言いきってしまう父親の思いの強さや激しさが、宝の心を冷めさせ、不自由さを感じさせてしまう。

問６ 自分のほうが上だと思っていた阿久津くんが、宝が二本負けした子に勝ったのを見て、宝がショックを受け、今でも持っているであろうすっきりしない感情のことを言っているので、ウの「もやもや」が適する。ただし、これは父親が勝手に推測して言っているだけ。

問７ 直前で「ぼくよりも、がんばらないで」と宝が言ったことなので、ウが適する。これに続く４行が、宝がそのように述べた理由、気持ちの説明になっている。父親は、なんでも「宝以上に一喜一憂し、あれこれと必死になってしまう」。だから、実際にやっている宝の方の気持ちが冷めてしまうのだ。「それは、どういう意味だ？」という父親の質問に対する答えは、「(お父さんがぼくよりがんばってしまうので、ぼくは)つまんない、よ」。この一言は、「心の中で構えた竹刀を、大きく振りかぶった」宝が、これを思い切り振りおろした「一刀」で、これをまともに受けた父親は、「ゆっくりと一歩下がり、机に後ろ手をついて寄りかかった」。つまり、自分が宝のために一喜一憂し、必死になることが、宝の心の重荷、負担になっていたことを知らされ、ショックを受けた。

問８ 「くやしくない」と父親の発言を否定し、「協力」の申し出を拒否した後、「近寄ろうとした父親から、素早く下がって間合いを取り、両目の横を手で覆う」とある。つまり、ここから宝は父親と気持ちの上での勝負に入った。両目の横を手で覆ったのは、左右の視界をせまくして、面をつけている気分になるため。その手をここで放した。

問９ ――線⑦の前の３行には、父親に示されなくても、なりたい自分の姿は宝自身が考え、決めていこうと考えていることが明確に示されている。それはその前の２行で父親が強い口調で述べている、父親が示したあるべき宝自身の像にしばられないという宣言でもある。したがって、この気持ちに適するのがアであり、それと対立・矛盾(むじゅん)するエが適さない。

問 10　「父親は宝以上に一喜一憂し、あれこれと必死になってしまう」ということの最も極端(きょくたん)な例、試合に乱入してしまうことを述べた――線⑥の直前の文のあとが適する。

問 11　宝が、父親の愛情から来る過度の「協力（という言い方の干渉(かんしょう)）」の誤りを指摘(してき)し、そこから独立した地位を勝ち取るまでの言葉、心理の上での戦いが描(えが)かれている。宝はしばしば黙って、あるいは謝(あやま)って妥協(だきょう)したいという誘惑(ゆうわく)にかられるが、自分の欠点を克服(こくふく)して、最後まで主張をつらぬく。特に宝が「くやしくない」と言ってからあとは、二人の真剣(しんけん)な言葉のやりとりが、剣道(けんどう)の試合になぞらえられているので、ウが適する。

二　問１Ａ　前には「当たり前」と思っていることが、後にはそれを「実体験したことはない」ことが書かれている。ふつうは実体験したことを当たり前に受けいれるから、前後で対立する内容が書かれている。よって、エの「しかし」が適する。　　Ｂ　前文で述べていることから自然と以下のことが導き出されることを示しているので、アの「そして」が適する。

問２　ア．直後の二文を参照。「その基本的な脳の働きはまったく変わっていない」とあるので適さない。

イ．二つ後の段落の、最初の文の前半部の内容に適する。　ウ．二つ後の段落の、最初の文の後半部を参照。「私たちが昔の人たちよりも優(すぐ)れているのではありません」とあるので適さない。　エ．二つ後の段落の最後の文を参照。これは「子どものころから教育すれば」という仮定の話。実際には知識を豊富にもっていないので適さない。

問３　――線②は「いる」という動詞を打ち消している「ない」。～～線イは「する」という動詞を打ち消している「ない」。

問４あ　「言葉や経験を次世代と共有できる」のは、言葉を記録して残しておくことができる「文字」。

い　生まれたときの状態だから、文字をはじめとしたあらゆる知識がなく、したがって文化を伝えることができない、「遺伝子(いでんし)を伝えるものとしての生きものの種類の一つ」という意味の「ヒト」。

問５　最後から２番目の段落を参照。「それ（＝『ヒト』）に対して、遺伝子に加えて文化を伝えることのできる生きものとしてのヒトを『人』あるいは『ひと』と表します」とあることからぬき出す。

問６　――線④をふくむ文で述べられている「能力」が、前文で述べられている「能力」の言い換(か)えであることを読み取り、「知的財産」に対応する部分をさがす。

問７　――線③の能力は、次の文の「それらを蓄積(ちくせき)し、種全体で共有することができる能力」であり、さらに次の文にある「高度な脳の発達によるすばらしい能力」である。この能力について、「ヒト以外のあらゆる生きものたちがかつてもったことのない」と述べているので、この段落の最後に入るのが適切。

問８　最後の４段落で述べられている能力によって伝えられるものは、「遺伝子では伝えられないもの」だから、「遺伝子（ＤＮＡ(ディーエヌエー)）の情報として保存(ほぞん)され、伝えられてき」たものではない。よって、アが適さない。

問９　「あらゆる」は、すべての、という意味。

《2019　算数　解説》

1 (1) 与式＝(16－12)÷２＝４÷２＝２

(2) 与式＝2.4÷0.1＝24

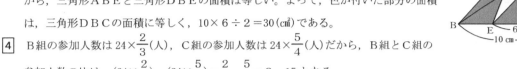

2 11で割り切れる整数は，整数11個ごとに１個ずつあるから，１から1000までの整数には，1000÷11＝90余り10より，90個ある。

3 右図のように記号をおく。底辺の長さと高さがそれぞれ等しい三角形の面積は等しいから，三角形ＡＢＥと三角形ＤＢＥの面積は等しい。よって，色が付いた部分の面積は，三角形ＤＢＣの面積に等しく，10×６÷２＝30(cm²)である。

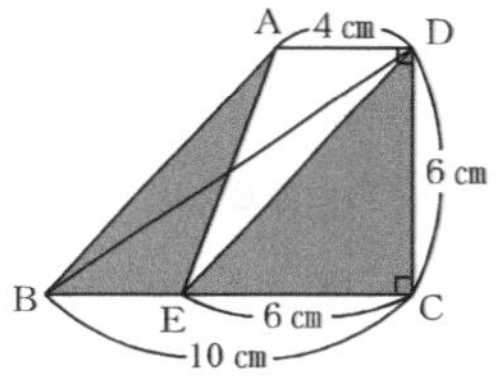

4 Ｂ組の参加人数は$24\times\frac{2}{3}$(人)，Ｃ組の参加人数は$24\times\frac{5}{4}$(人)だから，Ｂ組とＣ組の参加人数の比は，$(24\times\frac{2}{3})$：$(24\times\frac{5}{4})=\frac{2}{3}:\frac{5}{4}$＝８：15となる。

5 １室あたり３人ずつにすると６人分の部屋が足りず，１室あたり４人ずつにすると３人部屋が３部屋できるから，（４－３）×３＝３(人分)の部屋が余る。したがって，１室あたりの人数を３人から４人に増やすと，部屋に入れる人数が９人分増えるから，部屋の数は９÷（４－３）＝９(部屋)とわかる。よって，児童の人数は，３×９＋６＝33(人)である。

6 １時間＝60分だから，24分＝$\frac{24}{60}$時間＝$\frac{2}{5}$時間である。また同じ道のりを進むのにかかる時間の比は，速さの逆比に等しいことを利用する。時速35kmの速さで進むと，$2-\frac{2}{5}=\frac{8}{5}$(時間)かかったから，計画通り目的地に着くときと時速35kmの速さで進んだときにかかる時間の比は，$2:\frac{8}{5}$＝５：４となる。よって，計画通り目的地に着くときと時速35kmの速さの比は４：５となるから，求める速さは，時速$(35\times\frac{4}{5})$km＝時速28kmである。

7 右図のように記号をおく。正三角形の１つの内角は60度である。

角ＢＡＣと角[い]の大きさの比は，（２＋１）：１＝３：１だから，角[い]は$60\times\frac{1}{3}$＝20(度)である。三角形の１つの外角は，これととなりあわない２つの内角の和に等しいことを利用する。

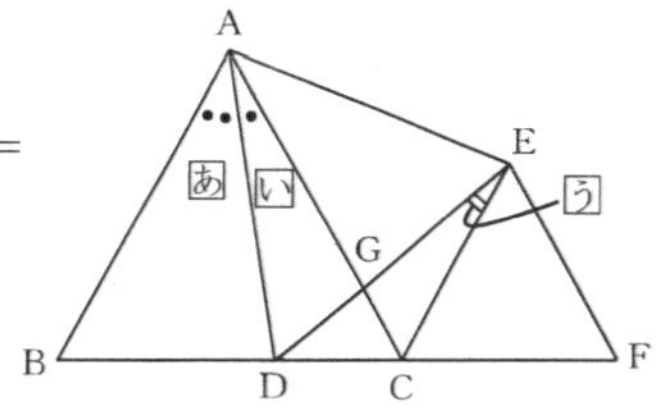

三角形ＡＤＧにおいて，角ＡＧＥ＝角[い]＋角ＡＤＧ＝20＋60＝80(度)である。

角ＡＣＥ＝180－角ＡＣＢ－角ＥＣＦ＝180－60－60＝60(度)だから，三角形ＥＧＣにおいて，

角[う]＝角ＡＧＥ－角ＧＣＥ＝80－60＝20(度)である。

8 ろうそくＡは１分間に$8\div50=\frac{4}{25}$(cm)ずつ短くなり，ろうそくＢは１分間に$4\div30=\frac{2}{15}$(cm)ずつ短くなる。したがって，ろうそくＡとろうそくＢの長さの差は，１分間に$\frac{4}{25}-\frac{2}{15}=\frac{2}{75}$(cm)ずつできる。よって，ろうそくＡとろうそくＢの長さの差が２cmとなるのは，火をつけてから，$2\div\frac{2}{75}$＝75(分後)である。

9 定価は１個800×（１＋0.4）＝1120(円)で，定価で１個売れたときの利益は，1120－800＝320(円)となり，定価の25%引きの値段は，1120×（１－0.25）＝840(円)だから，25%引きで１個売れたときの利益は，840－800＝40(円)である。150個すべて定価で売れたとすると，全部で320×150＝48000(円)の利益となり，実際より48000－31200＝16800(円)高くなる。１個を定価から25%引きの値段におきかえると，利益は320－40＝280(円)減るから，売れ残って25%引きで売った商品の個数は，16800÷280＝60(個)である。

10 点Pが動いたあとは，右図の太線のようになる。E，Fを中心に動くとき，点Pは90度動き，A，B，C，Dを中心に動くとき，点Pは180度動く。

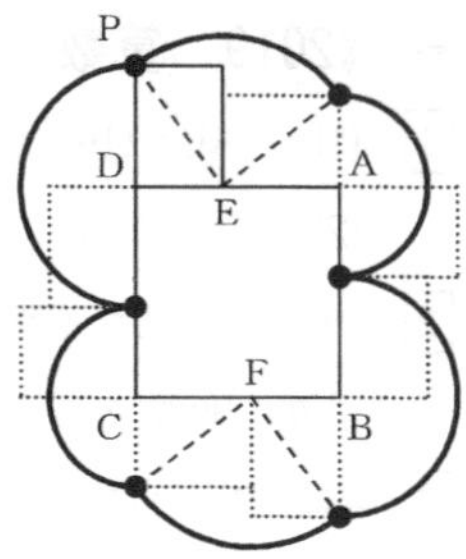

よって，求める長さは，$10\times3.14\times\frac{90}{360}\times2+6\times3.14\times\frac{180}{360}\times2+8\times3.14\times\frac{180}{360}\times2=$
$(5+6+8)\times3.14=59.66$(cm)である。

11 (1) 5つの○に，ⓐⓑⓒⓓⓔと記号をおく。●○○○○が1だから，ⓐをぬりつぶすと1を表すとわかり，○●○○○が2だから，ⓑをぬりつぶすと2を表すとわかる。さらに●●○○○が3だから，ぬりつぶしてある○がいくつかあるときは，それらの○の表す数の和を表すとわかる。図より，それぞれの○は，①②④⑧⑯を表すとわかる。

したがって，●●○●○は$1+2+8=11$を表し，○○●●○は$4+8=12$を表しているとわかるから，

●●○●○＋○○●●○＝$11+12=23$である。

(2) $1+2+4+8+16=31$だから，●●●●●とすればよい。

12 2回目に1番から8番の8人がそろってそうじをする前の日は，はじめて31番から38番の8人がそろってそうじをする日であり，この日までにそうじをした人を足し続ける(例えば5日目までにそうじをした人は$8\times5=40$(人)と数える)と，この人数は8と38の最小公倍数に等しい。2つの数の最小公倍数を求めるときは，右の筆算のように割り切れる数で次々に割っていき，割った数と割られた結果残った数をすべてかけあわせればよい。

2) 8　38
　　4　19

したがって，8と38の最小公倍数は，$2\times4\times19=152$だから，はじめて31番から38番の8人がそろってそうじをする日は，$152\div8=19$(日目)となり，2回目に1番から8番の8人がそろってそうじをする日は，$19+1=20$(日目)とわかる。よって，3回目に1番から8番の8人がそろってそうじをする日は20日目の19日後だから，$20+19=39$(日目)である。また，月曜日から金曜日まで5日あるから，$39\div5=7$余り4より，39日目は月曜日から金曜日を7周した後の4日後だから，求める曜日は木曜日である。

13 おもりAを入れたときとおもりBを入れたときの様子を重ねてかくと，右図のように表せる。斜線(しゃせん)部分の立体と色をつけた部分の立体の体積は等しい。したがって，2つの立体が重なる部分を除いた，▨と■の部分の体積は等しいとわかり，▨の部分の体積は，{(おもりBの底面積)－(おもりAの底面積)}$\times9=$
$(3\times3\times3.14-2\times2\times3.14)\times9=(9-4)\times3.14\times9=45\times3.14$(cm²)だから，

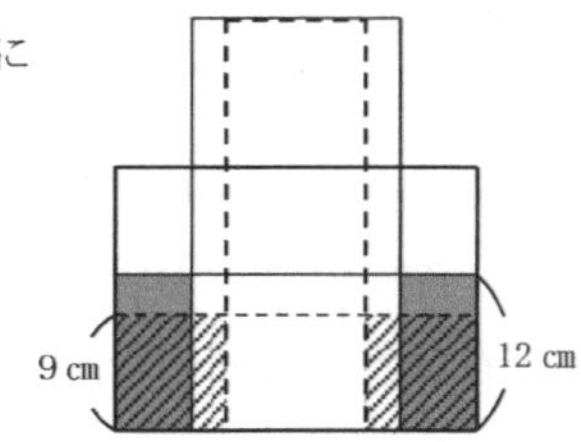

■の部分の体積も45×3.14(cm³)である。■の高さは$12-9=3$(cm)だから，この部分の底面積は，$45\times3.14\div3=15\times3.14$(cm²)である。

よって，水そうの底面積は，(おもりBの底面積)＋(■の底面積)$=9\times3.14+15\times3.14=75.36$(cm²)である。

★愛知教育大学附属名古屋中学校

《国　語》

一　問1．ア　問2．ウ　問3．ウ　問4．イ　問5．ア　問6．ウ　問7．エ　問8．イ
問9．外側は　問10．右足の　問11．イ

二　問1．あ．事故　い．歩行　う．人間　問2．A．イ　B．エ　問3．ある人を助　問4．ウ
問5．急な飛び出し　問6．自動運転車に乗　問7．ウ
問8．(例文)
旅行に行きたいのはやまやまだが、いそがしいので私は行けない。

三　①こ　②後世　③工程　④裁く　⑤心

《算　数》

1　(1)4　(2)$1\frac{24}{25}$

2　6

3　15

4　4

5　784

6　21

7　65

8　1，15

9　2.5

10　3

11　(1)38　(2)1010

12　873

13　16

2018 解説 平成30年度 ▶ 愛知教育大学附属名古屋中学校

←解答例は前ページにありますので，そちらをご覧ください。

―《2018　国語　解説》―

一　問２　「わたし」はリサが一往復だけ泳ぎたいと言ったので、もう泳ぎ終わっていると思っていた。ところが、リサはまだ泳いでいたので「すっごく腹がたってきた。これじゃ、あたふたしているのはわたしだけだ。ばっかみたい」と感じた。見はり役の「わたし」は、だれかが来るかもしれないとあせっているのに、リサが約束をやぶって、一往復以上泳ぎつづけていたので、腹が立ったのである。

問３　――線③の前で、リサの右足を見た「わたし」は思わず目をそむけてしまい、リサは「しまったという顔」をした。この状況から、右足を見られたことを後悔していると考えられので、ウが適する。エも、右足のことについて書かれているが、リサは、「わたし」に見はりをさせて泳ぎ続けるなど、人の都合や気持ちなどを、あまり気にする様子がないので、「『わたし』をいやな気分にさせた」ことを後悔しているとは考えにくい。

問４　――線④の前で、プールから出た後、教頭先生に会った。「あやういところでセーフだ」とあるから、教頭先生にプールで泳いでいるところを見つからずにすみ、ほっとしていると考えられる。「肩をすくめる」はやれやれという気持ち（や落胆の気持ち）を表すときにするしぐさ。

問６　前後の会話から「こんなこと」は、「転校生の力になりたい」と言った「わたし」に対してリサが頼んだことだと推測できる。したがって、ウが適する。イは「無理にやらせた」が適さない。力になりたいと言った「わたし」が、自分からやったことである。

問７　[い]の直後の「だれにも言わないでほしいの。今までどおり、心臓がわるいから泳がないってことに、しておいてくれないかな」から、リサが今まで泳がなかったのは、右足に傷があるせいで、これからも傷のことは秘密にしておいてほしいと思っていることがわかる。

問９　[い]の３～４行前に「外側は、レモン味のアイスキャンディーで、シャキシャキ、内側はザクザクのかき氷みたい。ときどき、レモンの皮が混ざっててほろにがい。今のわたしの気持ちみたいだ」とある。「さっさと別れてしまいたかった」と思う一方で、リサの傷のことが気になるなど、心の中に矛盾する様々な感情があることを、一つの中に違う食感や味が混じり合っている、レモン味のアイスキャンディーにたとえている。

問10　「リサの動きを見ていた」とあるから、リサの動きが書かれているところの後に入る。また、「一瞬からだが固まった」ともあるから、リサの様子を見ていて、何かショックを受けたと推測できる。したがって、リサの足に傷のある様子が書かれた「右足のひざから下の皮膚が～」の前に入る。

問11　ア.最後の場面でリサの傷のことを気にしているから、「もう関わりたくない」が適さない。　イ.リサは一方的に右足のことを他の人に秘密にしてほしいと頼み、去っていってしまった。わたしは右足のことを気にしながらも聞けずにいるから、これが適する。　ウ.覚悟がなかったのだとリサに指摘されているが、「自分の行動をはじているという内容はない。　エ.アイスをおごってもらったためにリサに遠慮している様子はない。

二　問１あ　「高速道路の逆走」、「アクセル～の踏み間違いによる事故」といったヒューマンエラーによっておこることだから「事故」が適する。　　**い**　前の部分で、歩行者が飛び出してきたとき、急ハンドルを切ると、搭乗者も大けがや死のおそれがあるということを述べている。[い]をふくむ２文には、歩行者と搭乗者のどちらを助けるべきかを聞く内容が入ると予測がつく。[い]の後に「それとも搭乗者を～」とあるから、[い]には「歩行」が入る。

う [う]をふくむ文では、前文の「人間優先、搭乗者優先、その上で被害を最小限にする」を詳しく説明している。

問２Ａ 前文のように言える理由を、[Ａ]をふくめた文で説明している。　Ｂ 前の段落では、自動運転車は事故の時、「(歩行者よりも)搭乗者を最優先に考える」という原則を紹介している。[Ｂ]の後では「轢かれた歩行者の側には割りきれなさが残るはずです」と、搭乗者から歩行者の立場へと視点を変え、前の段落と異なる内容を述べているので、逆接の「しかし」が適する。

問３ 「課題」のことを、直後で「自動運転車のトロッコ問題」と言いかえている。（トロッコ問題の本文後の説明も参照。）これを自動運転車の場合に当てはめて説明しているのが、第４段落の「ＡＩは歩行者を助ける～べきでしょうか。それとも搭乗者を最優先で守る～べきでしょうか」の部分。つまり、犠牲者が出そうな場合にだれを優先するべきかという問題。同じことを29字でまとめているのが、最後の段落の「ある人を助けるために、他の人を犠牲にすることは許されるのか」という部分。

問４ ――線②の「ような」は、例をあげていう時の「例示」の用法。これと同じなのはウ。　ア.「まるで～ような」という意味の「たとえ」の用法。　イ.なんらかの根拠にもとづく「推定」の用法。　エ.「たとえ」の用法。

問６ 「開発者を悩ませている～問題」とあるから、自動運転車の開発で生じている「問題」について、具体的に説明している箇所の前に入る。

問７ ア.第１段落の内容と一致する。「日本自動車工業会は二〇三〇年までに人が運転に一切関与しない『完全自動運転車』の普及を見込んでいます」とある。　イ.第６段落に、「緊急事態でどのように対処すべきか、事前にプログラミングすることが可能」とある。　ウ.自動運転車の普及のためには、搭乗者の安全を最優先にすべきではないかという考え方はあるが、すでにプログラミングされているとは書かれていない。搭乗者と歩行者のどちらを優先するべきかという問題は解決していない。　エ.最後から２番目の段落の内容と一致する。「搭乗者の軽いけがと～優先順位など、設定は一筋縄ではいきません」とあり、常に搭乗者を最優先にすべき、とも言いきれない難しさがある。

問８ ここでの「やまやま」は、実際にはできないが、心から望むという気持ちを表す。「〇〇したいのはやまやまだが、〇〇できない」というふうに使う。

《2018　算数　解説》

1 (1) 与式＝22－18＝４

(2) 与式＝$(\frac{20}{5}-\frac{6}{5})\div\frac{10}{7}=\frac{14}{5}\times\frac{7}{10}=\frac{49}{25}=1\frac{24}{25}$

2 まず36の約数は，１，２，３，４，６，９，12，18，36である。この中で，48の約数ではないものを探すと，９，18，36が見つかる。よって36と48の公約数は１，２，３，４，６，12の６個とわかる。

3 底辺が６cm，高さが２cmの三角形と，底辺が６cm，高さが３cmの三角形を合わせた図形と考える。よって面積は，６×２÷２＋６×３÷２＝15(cm²)である。

4 材料すべての重さは，350＋15＋10＝375(ｇ)なので，しょうゆの分量は15÷375×100＝４(%)である。

5 買った個数と金額をまとめると右表のようになる。全ての組み合わせを合計すると，りんご，なし，みかんが６個ずつになる。このときの合計金額は624＋510＋162＝1296(円)である。１個ずつ買うとき，1296÷６＝216(円)となる。よって，おつりは1000－216＝784(円)である。

りんご	なし	みかん	金額
４個	３個		624円
	３個	５個	510円
２個		１個	162円

6 弟が拾ったくりの個数を③とすると，兄が拾ったくりの個数は③$\times\frac{5}{3}$=⑤である。このとき，③+⑤が 56(個)なので，①は 56÷8=7(個)を表している。よって，弟が拾ったくりは 7×3=21(個)である。

7 角い：角う=1：2であり，角い+角う=90−30=60(度)である。よって，角い=60$\times\frac{1}{3}$=20(度)，角う=60$\times\frac{2}{3}$=40(度)となる。三角形の1つの外角はそのとなり合わない2つの内角の和と同じになるので，角あ=45+角い=45+20=65(度)である。

8 けんたさんが忘れ物に気付いたとき，けんたさんは家から 60×10=600(m)離れたところにいる。お兄さんが家を出た午後1時12分に，けんたさんは家から 600−(60×2)=480(m)離れたところにいる。お兄さんとけんたさんは，1分間に 100+60=160(m)の速さで近づいている。よって，お兄さんが家を出てから 480÷160=3(分後)に2人は出会う。したがって，求める時刻は午後1時15分である。

9 2人の年れいの差は，現在も6年前も変わらない。

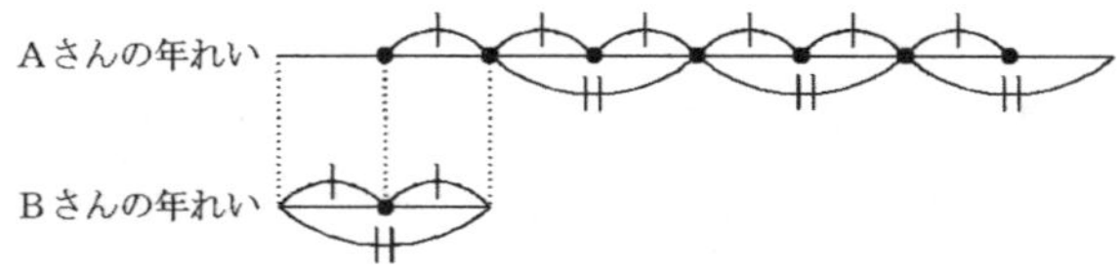

現在の2人の年れいの差はBさんの年れいの 4−1=3(倍)で，6年前の2人の年れいの差はBさんの 7−1=6(倍)である。6年前は，2人とも6才若く，Bさんの年れいは現在の 3÷6=$\frac{1}{2}$(倍)であった(右上図参照)。したがって，Bさんの現在の年れいは 6×2=12(才)，Aさんの現在の年れいは 12×4=48(才)とわかる。現在から12年後，Aさんは 48+12=60(才)，Bさんは 12+12=24(才)だから，Aさんの年れいはBさんの年れいの 60÷24=2.5(倍)となる。

10 円Oを回転させると，円Oは右図のように動くことがわかる。それぞれ矢印で表した部分では，円周の半分を接して移動している。円Oが一周するとき，右図1のように，同じ動きを3回する。円Oが円周の半分を移動するとき，円Oが移動する長さは図2の太線の長さとなる。つまり，図3のように，太線を円Oが回転して移動するとき，円Oは何回転するかを考えればよい。その太線の長さは，(10×2)×2×3.14÷2=20×3.14(cm)，円Oの円周は 10×2×3.14=20×3.14(cm)だから，太線を円Oが回転して移動するとき，(20×3.14)÷(20×3.14)=1(回転)する。

図1

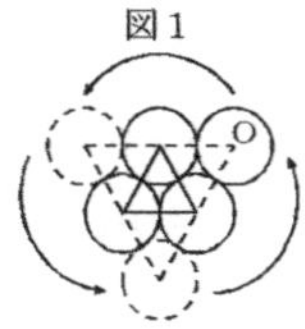

図2

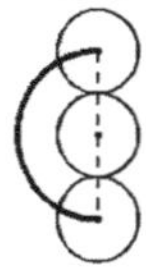

図3

よって，求める回転数は，1×3=3(回転)

円Oが円の周りをまわるとき，円Oが移動する長さは，接する円周の長さではなく，円Oの中心が移動した長さであることに注意する。

11 (1) この数列の規則をまとめると，右表のようになる。前の数との差が，1，2，3，1，2…となっている。

番目	1	2	3	4	5	6	7	8	…
数	1	2	4	7	8	10	13	14	…
前の数との差		1	2	3	1	2	3	1	…

つまり，1番目より後は，3つの数ごとに増える数が1，2，3をくり返すように数が並ぶ。このとき，1番目を1グループ目とし，2番目以降の数列を3つの数ずつグループ分けすると，2グループ目の最後は7，3グループ目の最後は13となる。1+2+3=6より，nグループ目のとき，そのグループの最後の数は 1+(n−1)×6であるとわかる。20=1+3×6+1だから，20番目の数について，1+6+1=8より，8グループ目の最初の数とわかる。7グループ目の最後の数は 1+(7−1)×6=37 だから，求める数は，37+1=38である。

(2) (1)の解説をふまえる。(2018－１)÷６＝336余り１より，１＋３×336＋１＝1010(番目)の数である。

12 右の筆算のように，□の数字をａ～ｌの記号とおく。91と39はａｂの倍数であるので，91と39の公約数を考える。91と39の公約数は１，13なので，ａｂは13とわかる。このとき，13×イ＝91より，イ＝７とわかり，13×ウ＝39より，ウ＝３とわかる。13×アがｆｇｈの３けたの数字なので，アは８か９とわかる。また，ｋｌは39＋８＝47となり，ｉｊは91＋４＝95となる。ｉ＝９なので，ア＝９とするとｆｇｈが13×９＝117となり，117＋９＝126より，割られる数の千の位が２になってしまうので，違うとわかる。ア＝８とすると，ｆｇｈが13×８＝104となり，104＋９＝113より，筆算にあてはまるとわかる。よって，アイウは873となる。

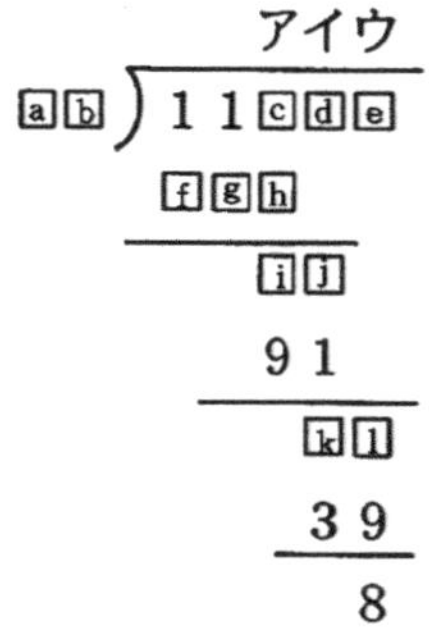

13 入っている水の体積を求める。底面が上底３㎝，下底９㎝，高さ４㎝の台形の角柱と考える。底面積は(３＋９)×４÷２＝24(㎠)，高さは18㎝なので，24×18＝432(㎤)入っている。このとき面ＤＥＦを下にしておくと，水の部分が三角柱になる。この三角柱の底面積は９×６÷２＝27(㎠)なので，水面の高さは432÷27＝16(㎝)となる。

■ ご使用にあたってのお願い・ご注意

（1）問題文等の非掲載

著作権上の都合により，問題文や図表などの一部を掲載できない場合があります。

誠に申し訳ございませんが，ご了承くださいますようお願いいたします。

（2）過去問における時事性

過去問題集は，学習指導要領の改訂や社会状況の変化，新たな発見などにより，現在とは異なる表記や解説になっている場合があります。過去問の特性上，出題当時のままで出版していますので，あらかじめご了承ください。

（3）配点

学校等から配点が公表されている場合は，記載しています。公表されていない場合は，記載していません。

独自の予想配点は，出題者の意図と異なる場合があり，お客様が学習するうえで誤った判断をしてしまう恐れがあるため記載していません。

（4）無断複製等の禁止

購入された個人のお客様が，ご家庭でご自身またはご家族の学習のためにコピーをすることは可能ですが，それ以外の目的でコピー，スキャン，転載（ブログ，ＳＮＳなどでの公開を含みます）などをすることは法律により禁止されています。学校や学習塾などで，児童生徒のためにコピーをして使用することも法律により禁止されています。

ご不明な点や，違法な疑いのある行為を確認された場合は，弊社までご連絡ください。

（5）けがに注意

この問題集は針を外して使用します。針を外すときは，けがをしないように注意してください。また，表紙カバーや問題用紙の端で手指を傷つけないように十分注意してください。

（6）正誤

制作には万全を期しておりますが，万が一誤りなどがございましたら，弊社までご連絡ください。

なお，誤りが判明した場合は，弊社ウェブサイトの「ご購入者様のページ」に掲載しておりますので，そちらもご確認ください。

■ お問い合わせ

解答例，解説，印刷，製本など，問題集発行におけるすべての責任は弊社にあります。

ご不明な点がございましたら，弊社ウェブサイトの「お問い合わせ」フォームよりご連絡ください。迅速に対応いたしますが，営業日の都合で回答に数日を要する場合があります。

ご入力いただいたメールアドレス宛に自動返信メールをお送りしています。自動返信メールが届かない場合は，「よくある質問」の「メールの問い合わせに対し返信がありません。」の項目をご確認ください。

また弊社営業日（平日）は，午前９時から午後５時まで，電話でのお問い合わせも受け付けています。

2025 春

株式会社教英出版
〒422-8054　静岡県静岡市駿河区南安倍３丁目 12-28
TEL　054-288-2131　　FAX　054-288-2133
URL　https://kyoei-syuppan.net/
MAIL siteform@kyoei-syuppan.net

教英出版　2025年春受験用　中学入試問題集

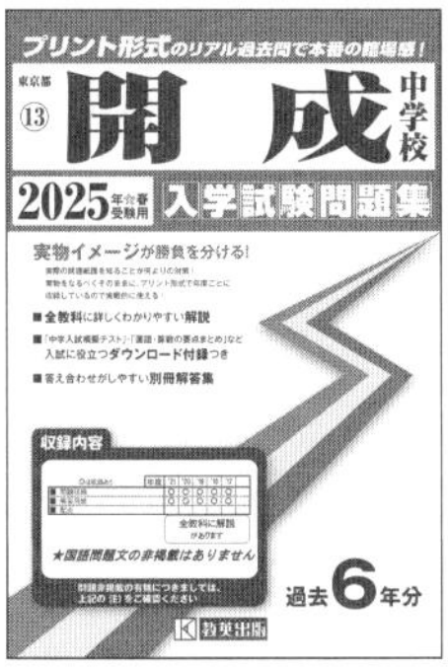

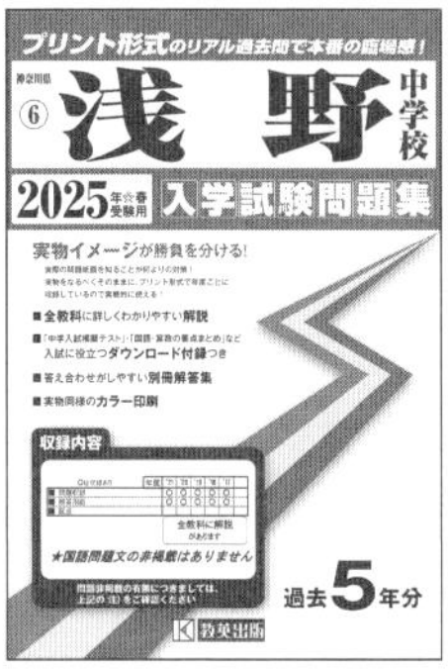

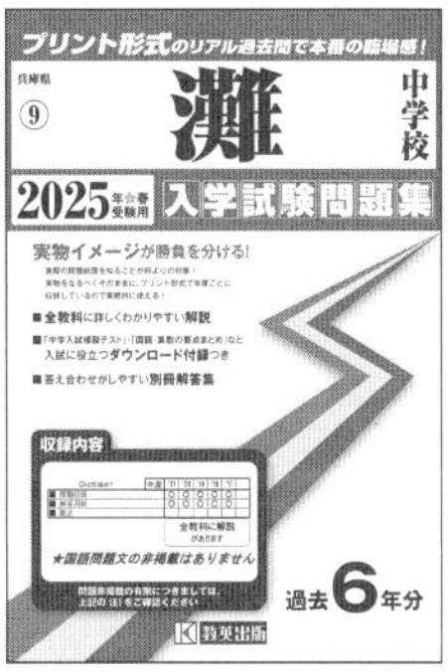

学校別問題集

✿はカラー問題対応

北海道

①[市立]札幌開成中等教育学校
②藤女子中学校
③北嶺中学校
④北星学園女子中学校
⑤札幌大谷中学校
⑥札幌光星中学校
⑦立命館慶祥中学校
⑧函館ラ・サール中学校

青森県

①[県立]三本木高等学校附属中学校

岩手県

①[県立]一関第一高等学校附属中学校

宮城県

①[県立]宮城県古川黎明中学校
②[県立]宮城県仙台二華中学校
③[市立]仙台青陵中等教育学校
④東北学院中学校
⑤仙台白百合学園中学校
⑥聖ウルスラ学院英智中学校
⑦宮城学院中学校
⑧秀光中学校
⑨古川学園中学校

秋田県

①[県立] 大館国際情報学院中学校 / 秋田南高等学校中等部 / 横手清陵学院中学校

山形県

①[県立] 東桜学館中学校 / 致道館中学校

福島県

①[県立] 会津学鳳中学校 / ふたば未来学園中学校

茨城県

①[県立]
日立第一高等学校附属中学校
太田第一高等学校附属中学校
水戸第一高等学校附属中学校
鉾田第一高等学校附属中学校
鹿島高等学校附属中学校
土浦第一高等学校附属中学校
竜ヶ崎第一高等学校附属中学校
下館第一高等学校附属中学校
下妻第一高等学校附属中学校
水海道第一高等学校附属中学校
勝田中等教育学校
並木中等教育学校
古河中等教育学校

栃木県

①[県立] 宇都宮東高等学校附属中学校 / 佐野高等学校附属中学校 / 矢板東高等学校附属中学校

群馬県

① [県立]中央中等教育学校 / [市立]四ツ葉学園中等教育学校 / [市立]太田中学校

埼玉県

①[県立]伊奈学園中学校
②[市立]浦和中学校
③[市立]大宮国際中等教育学校
④[市立]川口市立高等学校附属中学校

千葉県

①[県立] 千葉中学校 / 東葛飾中学校
②[市立]稲毛国際中等教育学校

東京都

①[国立]筑波大学附属駒場中学校
②[都立]白鷗高等学校附属中学校
③[都立]桜修館中等教育学校
④[都立]小石川中等教育学校
⑤[都立]両国高等学校附属中学校
⑥[都立]立川国際中等教育学校
⑦[都立]武蔵高等学校附属中学校
⑧[都立]大泉高等学校附属中学校
⑨[都立]富士高等学校附属中学校
⑩[都立]三鷹中等教育学校
⑪[都立]南多摩中等教育学校
⑫[区立]九段中等教育学校
⑬開成中学校
⑭麻布中学校
⑮桜蔭中学校
⑯女子学院中学校
✿⑰豊島岡女子学園中学校
⑱東京都市大学等々力中学校
⑲世田谷学園中学校
✿⑳広尾学園中学校(第2回)
✿㉑広尾学園中学校(医進・サイエンス回)
㉒渋谷教育学園渋谷中学校(第1回)
㉓渋谷教育学園渋谷中学校(第2回)
㉔東京農業大学第一高等学校中等部(2月1日 午後)
㉕東京農業大学第一高等学校中等部(2月2日 午後)

神奈川県

①[県立] 相模原中等教育学校 / 平塚中等教育学校
②[市立]南高等学校附属中学校
③[市立]横浜サイエンスフロンティア高等学校附属中学校
④[市立]川崎高等学校附属中学校
✿⑤聖光学院中学校
✿⑥浅野中学校
⑦洗足学園中学校
⑧法政大学第二中学校
⑨逗子開成中学校(1次)
⑩逗子開成中学校(2·3次)
⑪神奈川大学附属中学校(第1回)
⑫神奈川大学附属中学校(第2·3回)
⑬栄光学園中学校
⑭フェリス女学院中学校

新潟県

①[県立] 村上中等教育学校 / 柏崎翔洋中等教育学校 / 燕中等教育学校 / 津南中等教育学校 / 直江津中等教育学校 / 佐渡中等教育学校
②[市立]高志中等教育学校
③新潟第一中学校
④新潟明訓中学校

石川県

①[県立]金沢錦丘中学校
②星稜中学校

福井県

①[県立]高志中学校

山梨県

①山梨英和中学校
②山梨学院中学校
③駿台甲府中学校

長野県

①[県立] 屋代高等学校附属中学校 / 諏訪清陵高等学校附属中学校
②[市立]長野中学校

岐阜県

①岐阜東中学校
②鶯谷中学校
③岐阜聖徳学園大学附属中学校

静岡県

①[国立]静岡大学教育学部附属中学校(静岡·島田·浜松)
② [県立]清水南高等学校中等部 / [県立]浜松西高等学校中等部 / [市立]沼津高等学校中等部
③不二聖心女子学院中学校
④日本大学三島中学校
⑤加藤学園暁秀中学校
⑥星陵中学校
⑦東海大学付属静岡翔洋高等学校中等部
⑧静岡サレジオ中学校
⑨静岡英和女学院中学校
⑩静岡雙葉中学校
⑪静岡聖光学院中学校
⑫静岡学園中学校
⑬静岡大成中学校
⑭城南静岡中学校
⑮静岡北中学校
⑯ 常葉大学附属常葉中学校 / 常葉大学附属橘中学校 / 常葉大学附属菊川中学校
⑰藤枝明誠中学校
⑱浜松開誠館中学校
⑲静岡県西遠女子学園中学校
⑳浜松日体中学校
㉑浜松学芸中学校

愛知県

①[国立]愛知教育大学附属名古屋中学校
②愛知淑徳中学校
③ 名古屋経済大学市邨中学校 / 名古屋経済大学高蔵中学校
④金城学院中学校
⑤椙山女学園中学校
⑥東海中学校
⑦南山中学校男子部
⑧南山中学校女子部
⑨聖霊中学校
⑩滝中学校
⑪名古屋中学校
⑫大成中学校
⑬愛知中学校
⑭星城中学校
⑮名古屋葵大学中学校(名古屋女子大学中学校)
⑯愛知工業大学名電中学校
⑰海陽中等教育学校(特別給費生)
⑱海陽中等教育学校(I·II)
⑲中部大学春日丘中学校
新刊⑳名古屋国際中学校

三重県

①[国立]三重大学教育学部附属中学校
②暁中学校
③海星中学校
④四日市メリノール学院中学校
⑤高田中学校
⑥セントヨゼフ女子学園中学校
⑦三重中学校
⑧皇學館中学校
⑨鈴鹿中等教育学校
⑩津田学園中学校

滋賀県

①[国立]滋賀大学教育学部附属中学校
②[県立] 河瀬中学校 / 守山中学校 / 水口東中学校

京都府

①[国立]京都教育大学附属桃山中学校
②[府立]洛北高等学校附属中学校
③[府立]園部高等学校附属中学校
④[府立]福知山高等学校附属中学校
⑤[府立]南陽高等学校附属中学校
⑥[市立]西京高等学校附属中学校
⑦同志社中学校
⑧洛星中学校
⑨洛南高等学校附属中学校
⑩立命館中学校
⑪同志社国際中学校
⑫同志社女子中学校(前期日程)
⑬同志社女子中学校(後期日程)

大阪府

①[国立]大阪教育大学附属天王寺中学校
②[国立]大阪教育大学附属平野中学校
③[国立]大阪教育大学附属池田中学校

④[府立]富田林中学校
⑤[府立]咲くやこの花中学校
⑥[府立]水都国際中学校
⑦清風中学校
⑧高槻中学校（A日程）
⑨高槻中学校（B日程）
⑩明星中学校
⑪大阪女学院中学校
⑫大谷中学校
⑬四天王寺中学校
⑭帝塚山学院中学校
⑮大阪国際中学校
⑯大阪桐蔭中学校
⑰開明中学校
⑱関西大学第一中学校
⑲近畿大学附属中学校
⑳金蘭千里中学校
㉑金光八尾中学校
㉒清風南海中学校
㉓帝塚山学院泉ヶ丘中学校
㉔同志社香里中学校
㉕初芝立命館中学校
㉖関西大学中等部
㉗大阪星光学院中学校

兵庫県

①[国立]神戸大学附属中等教育学校
②[県立]兵庫県立大学附属中学校
③雲雀丘学園中学校
④関西学院中学部
⑤神戸女学院中学部
⑥甲陽学院中学校
⑦甲南中学校
⑧甲南女子中学校
⑨灘中学校
⑩親和中学校
⑪神戸海星女子学院中学校
⑫滝川中学校
⑬啓明学院中学校
⑭三田学園中学校
⑮淳心学院中学校
⑯仁川学院中学校
⑰六甲学院中学校
⑱須磨学園中学校(第1回入試)
⑲須磨学園中学校(第2回入試)
⑳須磨学園中学校(第3回入試)
㉑白陵中学校
㉒夙川中学校

奈良県

①[国立]奈良女子大学附属中等教育学校
②[国立]奈良教育大学附属中学校
③[県立]（国際中学校
　　　　 青翔中学校
④[市立]一条高等学校附属中学校
⑤帝塚山中学校
⑥東大寺学園中学校
⑦奈良学園中学校
⑧西大和学園中学校

和歌山県

①[県立]（古佐田丘中学校
　　　　 向陽中学校
　　　　 桐蔭中学校
　　　　 日高高等学校附属中学校
　　　　 田辺中学校
②智辯学園和歌山中学校
③近畿大学附属和歌山中学校
④開智中学校

岡山県

①[県立]岡山操山中学校
②[県立]倉敷天城中学校
③[県立]岡山大安寺中等教育学校
④[県立]津山中学校
⑤岡山中学校
⑥清心中学校
⑦岡山白陵中学校
⑧金光学園中学校
⑨就実中学校
⑩岡山理科大学附属中学校
⑪山陽学園中学校

広島県

①[国立]広島大学附属中学校
②[国立]広島大学附属福山中学校
③[県立]広島中学校
④[県立]三次中学校
⑤[県立]広島叡智学園中学校
⑥[市立]広島中等教育学校
⑦[市立]福山中学校
⑧広島学院中学校
⑨広島女学院中学校
⑩修道中学校
⑪崇徳中学校
⑫比治山女子中学校
⑬福山暁の星女子中学校
⑭安田女子中学校
⑮広島なぎさ中学校
⑯広島城北中学校
⑰近畿大学附属広島中学校福山校
⑱盈進中学校
⑲如水館中学校
⑳ノートルダム清心中学校
㉑銀河学院中学校
㉒近畿大学附属広島中学校東広島校
㉓AICJ中学校
㉔広島国際学院中学校
㉕広島修道大学ひろしま協創中学校

山口県

①[県立]（下関中等教育学校
　　　　 高森みどり中学校
②野田学園中学校

徳島県

①[県立]（富岡東中学校
　　　　 川島中学校
　　　　 城ノ内中等教育学校
②徳島文理中学校

香川県

①大手前丸亀中学校
②香川誠陵中学校

愛媛県

①[県立]（今治東中等教育学校
　　　　 松山西中等教育学校
②愛光中学校
③済美平成中等教育学校
④新田青雲中等教育学校

高知県

①[県立]（安芸中学校
　　　　 高知国際中学校
　　　　 中村中学校

福岡県

① [国立] 福岡教育大学附属中学校（福岡・小倉・久留米）
② [県立] 育徳館中学校／門司学園中学校／宗像中学校／嘉穂高等学校附属中学校／輝翔館中等教育学校
③ 西南学院中学校
④ 上智福岡中学校
⑤ 福岡女学院中学校
⑥ 福岡雙葉中学校
⑦ 照曜館中学校
⑧ 筑紫女学園中学校
⑨ 敬愛中学校
⑩ 久留米大学附設中学校
⑪ 飯塚日新館中学校
⑫ 明治学園中学校
⑬ 小倉日新館中学校
⑭ 久留米信愛中学校
⑮ 中村学園女子中学校
⑯ 福岡大学附属大濠中学校
⑰ 筑陽学園中学校
⑱ 九州国際大学付属中学校
⑲ 博多女子中学校
⑳ 東福岡自彊館中学校
㉑ 八女学院中学校

佐賀県

① [県立] 香楠中学校／致遠館中学校／唐津東中学校／武雄青陵中学校
② 弘学館中学校
③ 東明館中学校
④ 佐賀清和中学校
⑤ 成穎中学校
⑥ 早稲田佐賀中学校

長崎県

① [県立] 長崎東中学校／佐世保北中学校／諫早高等学校附属中学校
② 青雲中学校
③ 長崎南山中学校
④ 長崎日本大学中学校
⑤ 海星中学校

熊本県

① [県立] 玉名高等学校附属中学校／宇土中学校／八代中学校
② 真和中学校
③ 九州学院中学校
④ ルーテル学院中学校
⑤ 熊本信愛女学院中学校
⑥ 熊本マリスト学園中学校
⑦ 熊本学園大学付属中学校

大分県

① [県立] 大分豊府中学校
② 岩田中学校

宮崎県

① [県立] 五ヶ瀬中等教育学校
② [県立] 宮崎西高等学校附属中学校／都城泉ヶ丘高等学校附属中学校
③ 宮崎日本大学中学校
④ 日向学院中学校
⑤ 宮崎第一中学校

鹿児島県

① [県立] 楠隼中学校
② [市立] 鹿児島玉龍中学校
③ 鹿児島修学館中学校
④ ラ・サール中学校
⑤ 志學館中等部

沖縄県

① [県立] 与勝緑が丘中学校／開邦中学校／球陽中学校／名護高等学校附属桜中学校

もっと過去問シリーズ

北海道

北嶺中学校
7年分（算数・理科・社会）

静岡県

静岡大学教育学部附属中学校
（静岡・島田・浜松）
10年分（算数）

愛知県

愛知淑徳中学校
7年分（算数・理科・社会）
東海中学校
7年分（算数・理科・社会）
南山中学校男子部
7年分（算数・理科・社会）
南山中学校女子部
7年分（算数・理科・社会）
滝中学校
7年分（算数・理科・社会）
名古屋中学校
7年分（算数・理科・社会）

岡山県

岡山白陵中学校
7年分（算数・理科）

広島県

広島大学附属中学校
7年分（算数・理科・社会）
広島大学附属福山中学校
7年分（算数・理科・社会）
広島学院中学校
7年分（算数・理科・社会）
広島女学院中学校
7年分（算数・理科・社会）
修道中学校
7年分（算数・理科・社会）
ノートルダム清心中学校
7年分（算数・理科・社会）

愛媛県

愛光中学校
7年分（算数・理科・社会）

福岡県

福岡教育大学附属中学校
（福岡・小倉・久留米）
7年分（算数・理科・社会）
西南学院中学校
7年分（算数・理科・社会）
久留米大学附設中学校
7年分（算数・理科・社会）
福岡大学附属大濠中学校
7年分（算数・理科・社会）

佐賀県

早稲田佐賀中学校
7年分（算数・理科・社会）

長崎県

青雲中学校
7年分（算数・理科・社会）

鹿児島県

ラ・サール中学校
7年分（算数・理科・社会）

※もっと過去問シリーズは国語の収録はありません。

教英出版
〒422-8054
静岡県静岡市駿河区南安倍3丁目12−28
TEL 054-288-2131
FAX 054-288-2133
詳しくは教英出版で検索
教英出版　検索
URL https://kyoei-syuppan.net/

愛知教育大学附属名古屋中学校

令和６年度　入学適性検査　問題用紙

第１時限　国語

【９時45分～10時30分】（時間45分）

> 「始め」という合図があるまでは、中を見てはいけません。
> それまでは、左の注意をくり返し読みなさい。

〔注　意〕

(1) 机の上には、受検票、えんぴつまたはシャープペンシル、消しゴムを置きなさい。また、机の中には、何も入れないようにしなさい。

(2) 「始め」という合図があってから、解答用紙の受検番号のらんに受検番号を書きなさい。

(3) 問題用紙はこの用紙をふくめて全部で10枚（まい）、解答用紙は１枚です。問題を解き始める前に、よく確かめなさい。枚数が足りないときや多いときは、だまって手をあげなさい。

(4) 答えはすべて解答用紙に書きなさい。解答用紙には、解答および受検番号以外書いてはいけません。なお、備考（びこう）のらんは何も書かないようにしなさい。

(5) 検査時間は、45分です。問題の順序にとらわれないで、分かる問題から答えを書きなさい。なお、「検査終了（しゅうりょう）（終わり）５分前」を放送で知らせます。

(6) 問題文をよく読み、答え方や、答えを書くところをまちがえないようにしなさい。

(7) 解答する際は、句読点（。と、）や、かぎかっこも文字数にふくめます。

(8) 問題に関する質問をすることはできません。

(9) 検査中、解答用紙が机からはみ出ないようにしなさい。はみ出しそうな人は、解答用紙を半分に折りなさい。

(10) 印刷の文字がはっきりしないときや、何かを落としたときは、だまって手をあげなさい。

(11) 「やめ」の合図があったら、すぐえんぴつまたはシャープペンシルを置きなさい。

一　次の文章を読んで、あとの問いに答えなさい。＊印の言葉の説明は、本文の後ろにあります。

ある日、小学六年生の「ぼく」（あおば）は同じクラスの椰と、＊絶滅危惧種であるオオタカとそのヒナを見つけ、そのヒナをアオナギと名付けた。そして、アオナギをねらう＊密猟者から守るため、「ぼく」のじいちゃんや自然保護活動をしている葛城さん、サポート隊の人たちに協力してもらい、大人に＊監視してもらうことになった。数日後、「アオナギの巣立ちが近い」とじいちゃんから告げられ、「ぼく」は急いで山にむかうことにした。

今すぐ、アオナギに会いたい。巣に近づけなかったせいで、その思いは一層強かった。

気がせく。とにかく気がせく。ぼくは車の中なのに、［あ］気分になっていた。足をばたばたさせて、じいちゃんに注意された。

「ね、車、おそくない？」

じいちゃんが笑いだした。

「まあ、落ち着け」

椰の家のそばに車をとめる。椰はすでにアオナギの巣に行っていると、椰のママが教えてくれた。ママとパパもすぐむかうそうだ。ぼくは急いで斜面をおりはじめた。

雨あがりの斜面はすべりやすい。ぬれている葉っぱに足をのせると、しりもちをつきそうになる。あわてて地面に手をついた。

ふと、まわりに目をやった。

早朝の森の中には霧が立ちこめ、見通しがきかない。前を歩いているじいちゃんの右肩があがった背中も霧の中だ。

そしてぼくも白い霧につつまれる。

ぼんやりとした景色の中に一本の木がふわっと浮かびあがる。水と墨だけで描かれた水墨画の世界が目の前に広がっている。

空気がしっとりとしている。草のにおいがする。木が呼吸しているのがわかる。①<u>木々のすき間をぬって、太陽の弱い光が一筋、差しこんできた。</u>その光は天からおろされる梯子、天使の梯子だと、いつだったか、じいちゃんが教えてくれた。

空からおろされた天使の梯子を見あげる。いいことがあるような気がした。

「あおば。おはよ」

椰に声をかけられ、もうアオナギの巣の近くまで来ていたのかと驚いた。

「おはよ。そろそろだって？」

「うん」

うなずきながら、椰は＊アカマツの木を指さした。

人が集まっている、ざっと見て十人くらい。その中に背の高い葛城さんの姿も見えた。数日ぶりの葛城さん。一段とヒゲがのびてやつれていたけれど、表情は明るかった。ときどき笑い声もあげていた。

「サポート隊の人たちが、みんな来てるな」

じいちゃんの声でふり返った。

2024(R6) 愛知教育大学附属名古屋中
教英出版　国10の2

「サポート隊？」

「そう、この人たちのことさ。みんなアオナギの巣立ちを見送りに来たんだ」

「へえ」

「オオタカのヒナの巣立ちなんて、めったに見られないからな。そして、この巣を守るために力を貸してくれてたんだよ。食料や水を運んだり、監視を交代したり、寄付してくれたり……」

「じいちゃんもでしょ。聞いたよ。怪しい人たちが来て、そのせいで、じいちゃんも泊まりこみの監視に加わったって」

「たいしたことはしてないさ。幸い、密猟者も影を見せただけで、大事にはならなかったからよかった。葛城くんは、ずっと見守り続けていた。たいしたもんだ……」

話しているうちに、椰のパパとママが到着した。

アオナギが巣の中でごそっと動いた。胸がドキッとした。ほんの数日なのに、ずいぶん長く会っていない気がする。アオナギに［　い　］であいさつした。

アオナギが動くと、まわりで見守っていたサポート隊の人たちが静かになる。

「巣立ち前の興奮しているヒナと親鳥を刺激しないようにしないとな」

じいちゃんがつぶやいた。

心臓がドキドキしてくる。

アオナギはさっきから活発に動き、ピーエピーエと高い声で鳴いている。落ち着きがない。翼を広げ、しきりに羽ばたきをしている。羽ばたきダンスと、ぼくと椰で名前をつけた。ときおり巣からはみだす黄色い足は、さらに太くなり、力強く動いている。もし、今、あの足で力いっぱい腕をつかまれたら、きっと骨折するだろう。

「巣立っても、もう大丈夫なほど育ったんだね」

「うん。でも、しばらくはこの近くにいるみたい。親からときどき、餌をもらうんだって」

ぼくは椰のほうをむいた。

「じゃ、ここに来れば、まだしばらくは会えるのかな」

「そうだといいね」

ぼくと椰は小さな声で言葉を交わした。

――ケッケッケッ

急に、空気をきり裂くような甲高い親鳥の声がした。サポート隊の人たちがいっせいに双眼鏡を上にむけた。アオナギは見えるのに、アカマツの枝が親鳥の姿を邪魔している。

アオナギがぴょんと飛んだ。

みんながいっせいに②<u>息を飲む</u>。

巣から、ほんの一歩だけ、そばの枝に飛び移ったのだ。でもアオナギはすぐに巣にもどってしまった。

「もう少しなんだけどな」と、隣で椰がじれったそうにしている。

――ケッケッケッ

親鳥が鳴いている。いつもとちがって鳴き声が高くて、*せわしない。巣からはなれた枝の先で鳴いているようだ。アオナギは親鳥にむかって巣から身をのりだし、返事をするように、ピーエピーエとたえまなく鳴いている。

「え、これって」

ぼくは隣に立っているじいちゃんにたずねた。

「親鳥がアオナギを呼んでいるんだよ。巣立ちなさいってね。鳴き声が今までとちがうだろ」

双眼鏡を目にあてたままじいちゃんがささやくように教えてくれた。

アオナギは近くの枝に一歩飛び移り、でもまたすぐに、巣にもどってしまう。次は二歩。それを何度もくり返す。羽ばたきの音が上から降ってくる。アオナギが少しずつ大胆になっていくのが、見ていてもわかる。はらはらと巣のかけらが落ちてきた。

アオナギ、飛べ、飛ぶんだと、ぼくが心の中で叫んだときだった。

巣の中で強く羽ばたいたアオナギの体が、次の瞬間宙に浮いた。

「よし、行ける」

しかし、アオナギはまた巣の中にもどってしまった。ぼくは*地団駄を踏んだ。

「がんばれ」と言う椰の声が小さく震えている。

そして、アオナギが巣の中で今までになく大きく羽ばたいた。すると体がふわりと浮きあがり、さらに羽ばたきをくり返し、ついにアオナギは隣の木の枝に飛び移った。

③「そうよ、あと少し」と、椰が胸の前で手を組んだ。

そのとき、④アオナギがスポットライトをあびたスターのように、ゆっくりとむきを変え、ぼくと椰のほうに顔をむけた。カーブを描いている黒いくちばしの先が、刀の*切っ先のようにとがってる。白に茶色い雨だれのような*縦斑模様がある分厚い胸。両足を交代に持ち上げる仕草。羽毛をふくらませた体は親鳥とほとんど変わらない。すでに*威厳が備わっている。アオナギはぼくたちにはじめてその全身を見せてくれた。

真ん中に黒い点がある灰色をおびた丸い目は、鋭い光を放っている。そのアオナギと視線が合った、と思ったその瞬間、ぼくの心はズキュンと射抜かれた。⑤電流が体を貫いた。

アオナギと、ぼくは心の中で叫んだ。

すると、アオナギはツイッと視線をはずした。

大きな羽ばたきが二度、三度続いたと思ったら、体がフワッと浮かんだ。アオナギは首をクイッとあげ、前を見すえた。そして決意したかのように、スイーッと木立の間を縫うように飛んでいった。気がつけば、親鳥の姿も消えていた。オオタカは森の中を飛びやすいように、ほかのタカの仲間より羽が少し短くなっていると、いつだったかじいちゃんが教えてくれた。その羽を広げて飛びたっていった。

「巣立ったな」と、じいちゃんの声だけが聞こえた。
あっけなかった。
本当にあっけなかった。
森の中が、静まり返ってしまった。
しばらくして、森の奥のほうから小鳥のさえずりが少しずつもどってきた。
ぼくの隣で椰がつぶやいた。
「行っちゃったよ」と、椰が鼻声で言う。
うんうん。うなずくだけの情けないぼくは、⑥腕で目をぬぐった。
「アオナギ、ぼくたちのほう、むいたよな」
「うん。さよならってあいさつしてくれたみたいだった」
椰の声がゆれていた。
横にいた椰のパパが頭から手ぬぐいをはずし、しきりに顔をぬぐっている。そして、思いっきり鼻をかんだ。

（にしがき　ようこ『アオナギの巣立つ森では』による）

* 絶滅危惧種：環境の変化などにより滅び絶える状態にせまる生物の種類。
* 密猟者：法を犯してひそかに猟をする人。
* 監視：見張ること。
* アカマツ：山野に育つマツ科の赤褐色の植物。
* せわしない：落ち着かない。
* 地団駄を踏む：足をばたばたさせて悔しがること。
* 切っ先：刃物のとがった先。
* 縦斑模様：縦にまだらになった模様。
* 威厳：いかめしく、おごそかなこと。

問１　**あ** に当てはまる言葉として最も適当なものを一つ選び、記号で答えなさい。
ア　おどりだしたい　　イ　走りだしたい　　ウ　笑いだしたい　　エ　ぬけだしたい

問２　――線①「木々のすき間をぬって、太陽の弱い光が一筋、差しこんできた」という部分から分かることとして最も適当なものを一つ選び、記号で答えなさい。
ア　行き先が見えず、どうしたらよいか分からないという「ぼく」の不安な気持ち。
イ　差し込んだ太陽の光に、後押しされているような「ぼく」の前向きな気持ち。
ウ　見慣れぬ景色を満足するほど味わうことができたという「ぼく」の幸福な気持ち。
エ　アオナギのそばに自由に行くことができないという「ぼく」の悔しい気持ち。

問３　**い** に当てはまる言葉を文章中から三文字でぬき出しなさい。

問4　——線②「息を飲む」とあるが、これはどういうことを表しているか。最も適当なものを一つ選び、記号で答えなさい。

ア　緊張して息が荒くなること。
イ　長くたえられず息を切らすこと。
ウ　安心してほっと息をつくこと。
エ　はっと驚いて息を止めること。

問5　——線③「そうよ、あと少し」とあるが、椥がそう言った理由として最も適当なものを一つ選び、記号で答えなさい。

ア　アオナギがあと少しで羽ばたきそうで興奮したから。
イ　アオナギが全く飛べない様子を見てつらかったから。
ウ　アオナギが鳴き声をあげたことがうれしかったから。
エ　アオナギが巣から出てきたことが腹立たしかったから。

問6　——線④「アオナギがスポットライトをあびたスターのように」とあるが、アオナギの特ちょうとして適当でないものを一つ選び、記号で答えなさい。

ア　カーブを描いている黒いくちばし
イ　黒い点がある灰色をおびた丸い目
ウ　空気を切り裂くような甲高い声
エ　力強く動いている太く黄色い足

問7　——線⑤「電流が体を貫いた」とあるが、そのときの「ぼく」の気持ちとして適当でないものを一つ選び、記号で答えなさい。

ア　驚き　　イ　興奮　　ウ　安心　　エ　喜び

問8　——線⑥「腕で目をぬぐった」とあるが、「ぼく」がそうした理由として、最も適当なものを一つ選び、記号で答えなさい。

ア　アオナギが無事に巣立つことができて胸がいっぱいになったから。
イ　アオナギをサポート隊の人と見守れたことがうれしかったから。
ウ　アオナギが巣立つ様子を見て泣いている椥に、心を痛めたから。
エ　アオナギが飛び立ち、森が静かになったことが不満だったから。

問9　文章中から分かる「ぼく」の人物像として、最も適当なものを一つ選び、記号で答えなさい。

ア　自分の気持ちを表情や行動に表さないひかえめな人物。
イ　一つのことに熱中することができるひたむきな人物。
ウ　自分の周りの人のことを何よりも優先する心優しい人物。
エ　友達と共に何にでも挑戦しようとする冒険心がある人物。

問10　この文章の特ちょうを表した次の文のうち、適当なものを二つ選び、記号で答えなさい。

ア　「ぼく」の目線で他の登場人物についても書かれていることで、椰(なぎ)や葛城(かつらぎ)さんの気持ちが読み手により伝わりやすくなっている。

イ　「ぼく」が自然について感じたことが五感すべてを用いて表現されていることで、「ぼく」が感じたことを読み手も感じられるようになっている。

ウ　アオナギやその親鳥の鳴き声の特ちょうが言葉で表現されていることで、読み手が鳴き声をその場で聞いているような感覚で読むことができる。

エ　「ぼく」の心の状態(じょうたい)が「ドキッ」「ズキュン」という言葉で書かれていることで、読み手に「ぼく」の気持ちが効果的に伝わるようになっている。

オ　「うん」「へえ」などの登場人物のあいづちが書かれていることで、「ぼく」がどのような気持ちなのかがはっきりと分かるようになっている。

カ　たとえを用いてアオナギや登場人物の様子が書かれていることで、読み手にアオナギや登場人物の生き生きとした様子が伝わるようになっている。

二　次の文章を読んで、あとの問いに答えなさい。＊印の言葉の説明は、本文の後ろにあります。

　人間は比較せずにはいられない生き物です。足の速さや、模試の成績や、餃子の売上げや、住みたい街など、とにかくランキングを作りたがります。そして、自分が上位を占めることができれば、それなりに嬉しく、誇らしく思い、身近な人物が自分より上位を占めれば、素直にすごいなあと感心する一方、うらやんだり、＊やっかみを覚えたりします。

　人と比べるな、比較なんてしない方がいい、というアドバイスほど、言うのは簡単だがするのが難しいことはないでしょう。比較をするなとは言いません。[A]、それは言うだけ無駄ですので、これから、比較に＊関連する区別を＊導入して、みなさんの思考を上書きします。

　それは、「記述のランキング／＊優劣のランキング／＊存在のランキング」というランキングの区別です。[ア]この節では、「記述のランキング」と「優劣のランキング」を紹介して、次の節で「存在のランキング」を導入します。

　私たちが人を比べることができるのは、そもそも世の中には、ひとりとしてまったく同じという人間がいないからです。身長、体重、手足の長さ、髪の毛や目の色、耳や指先の形、視力や走力、好きな食べ物、生まれて初めて観た映画、涙を流した小説、夕立で濡れたときに一番好きな匂いがする地面の素材と、いくらでも異なる＊観点から人々を区別することができます。[イ]一卵性の双①子でも、しばらく近くにいると、見た目も性格も話し方も、二人がまったく違うことにすぐ気づきます。遺伝子が同じ程度では、同じ人物になれないのです。

　人間同士には違いがあるため、何らかの観点から人に値を割り振って、順番に並べることができます。②これがランキングです。たとえば、クラスメート全員の身長を測り、低い方から高い方へ、「背の順」で並んでもらうことができます。

　それぞれの人が＊特定の身長を持っている、そしてそれらの身長の値を比較できる、というのは単なる事実です。単なる事実を記して、述べる方法のひとつなので、身長のランキングは「記述」のランキングです。期末テストの成績や、八〇〇メートル走のタイムや、さくらんぼの種を口から飛ばせる距離など、これらはすべて単なる事実ですので、これらの値にもとづいて記述のランキングを作成することができます。

　「単なる事実」と＊強調しているのは、私たちはこれら記述のランキングをすぐに「良し悪し」や「優劣」のランキングと混同してしまうからです。そう、なぜかランキングにすぐ価値を読み込んでしまうのです。[ウ]

　単なる事実と価値が異なる、あるいは、[あ]の記述と、価値の判断が異なるというのは、＊哲学・＊倫理学における基本の＊発想です。「Gさんの身長は一七〇センチだ」は単なる記述ですが、「Gさんの身長は一七〇センチあった方がいい」と良し悪しの＊要素を加えるのが価値判断です。

　③ほとんどの事実の良し悪しは、そのときどきの＊状況や目的によって変化します。良し悪しは＊水ものなのです。[B]、身長は高い方が良い、と思われるかもしれませんが、そうとは限りませ

ん。競馬の騎手やボートレーサーになりたい人たちにとっては、あまり身長が高いと体重の調整が難しく、不利になりますので、むしろ低い方が良いかもしれません。身長自体に良し悪しが含まれているわけではなく、私たちがそこに何らかの意義を見つけて、身長の違いを優劣として解釈するのです。期末テストの成績も、高い方が良い場面があれば、そうでない場面もあるでしょう。医師になることを目標としている人と、パン職人になることを目標としている人では、成績をどう評価するかがまったく違っていいはずです。[エ]

これまでの議論をまとめると、記述のランキングは単なる事実関係に過ぎませんが、そこになんらかの価値を加えると、優劣のランキングが重なって見えます。記述のランキングは事実にもとづいているので、誰にでも共通するものですが、優劣のランキングは、それぞれの人の価値観や目標によって異なりますので、どこでも一律に同じではありません。しかし私たちはすぐに、いつでもどこでも、背は高い方が良い、足は長い方が良い、目は大きい方が良い、偏差値は高い方が良い、給料は高い方が良い、などと思ってしまいます。[オ]

順位をつけたり、競争したりしない方がよい、などとは言っていません。競技も切磋琢磨も大歓迎です。同じ評価軸で素晴らしい結果を出す人が誉められる、賞賛されることも大事です。重要なのは、すごい人だから「評価する」ことと、同じ人間だから「尊重する」ことの[い]です。これから見ていくように、すごい人だろうがすごくない人だろうが、人間として同じように尊重されるべきだからです。

（和泉　悠『悪口ってなんだろう』ちくまプリマー新書による）

＊やっかみ：うらやみ。ねたみ。　＊関連：つながりがいろいろな方面にあること。
＊導入：新しくとりいれること。　＊優劣：すぐれていることと、おとっていること。
＊存在：はたらきや価値をもって、そこに実在すること。　＊観点：ものごとを見たり考えたりするときにとる立場。
＊特定：あらかじめ特別にきまっていること。　＊強調：全体の中で、とくにその一部だけを強く主張すること。
＊哲学：真理についてものごとの土台やおおもとから考えようとする学問。
＊倫理学：社会生活で守るべききまりや人間関係、善悪の問題などを研究する哲学の分野。
＊発想：ある考えを思いつくこと。また、ある考えにいたるまでの、問題のとらえ方や傾向。
＊要素：ものごとが成り立つために、ぜひとも必要なもの。　＊状況：変化していくものごとの現在のありさまや様子。
＊水もの：条件や運などで変わりやすく、結果を予想することが難しいもの。　＊騎手：馬の乗り手。
＊意義：ものごとの価値や重要さ。　＊一律：すべて同じ調子で変化のないこと。
＊切磋琢磨：同じ目的をもつ仲間どうしが、互いに競い合い、励まし合いながら、共に努力し向上しようとすること。
＊賞賛：ほめたたえること。

問1　次の(1)、(2)の文は文章中の[ア]、[イ]、[ウ]、[エ]、[オ]のどこに入るのが最も適当か。一つずつ選び、記号で答えなさい。

(1)　状況次第ではそうではない、そして自分自身がそうではないかもしれないのにです。

(2)　私たちはいつでも自分と他人とを比較してしまうわけですが、この区別を心にとどめておくだけで、比較が生み出す嫌なところを少しでも避けられるようになると思います。

問2　[A]、[B]に当てはまる最も適当な言葉を一つずつ選び、記号で答えなさい。

ア　いっぽう　　イ　さて　　ウ　たとえば　　エ　あるいは　　オ　そのうえ

問3 ——線①「でも」と同じ使い方のものを一つ選び、記号で答えなさい。

ア お茶でもいかがですか。　　イ これは彼でも解くのが難しい問題だ。

ウ いくら呼んでも返事がない。　　エ あの話は誰でも知っている。

問4 ——線②「これ」が指し示す部分を文章中から二十六文字で探し、はじめとおわりの四文字をぬき出しなさい。

問5 [あ]、[い]に当てはまる言葉を、文章中からそれぞれ漢字二文字でぬき出しなさい。

問6 ——線③「ほとんどの事実の良し悪しは、そのときどきの状況や目的によって変化します」とあるが、これはなぜか。次の文の[　]に当てはまる言葉として最も適当なものを一つ選び、記号で答えなさい。

・優劣のランキングはそれぞれの人の価値の判断や[　]によって異なるから。

ア 目標	イ 要素	ウ 成績	エ 思考

問7 この文章の内容について述べた次の文のうち、最も適当なものを一つ選び、記号で答えなさい。

ア 私たちが人を比べることができるのは、ひとりとしてまったく同じ人間がいないからであるが、遺伝子レベルで同じ双子は例外である。

イ 身長の高さやテストの成績などは単なる事実であり、私たちがそこで優劣を判断するのは危険なことであるからすぐにやめた方がよい。

ウ 順位づけや競争することが悪いのではなく、優劣のランキングに左右されず人間として同じように尊重しようとすることが重要である。

エ 記述のランキングは事実によって変化するが、見た目や学力、給料などの優劣のランキングはどこでも一律で同じであることが多い。

問8 〜〜線「競馬の騎手やボートレーサーになりたい人たちにとっては、あまり身長が高いと体重の調整が難しく、不利になりますので、むしろ低い方が良いかもしれません」とありますが、「むしろ」をここでの意味と同じ意味で使い、二十文字以上三十文字以内で主語と述語のある一文を作りなさい。ただし、この文と同じ表現は使わないようにしなさい。

三 ①から④の〜〜線の漢字はひらがなに、カタカナは漢字に直しなさい。（送りがなが必要な場合は、送りがなもつけること）⑤は三つの熟語となるように□に入る共通の漢字を答えなさい。

①武士が勇ましく戦う。　②ここはエイセイ上良くない場所だ。　③チョウヘンの物語を読む。

④ココロヨク引き受ける。　⑤海□・川□・□力

令和６年度　入学適性検査　問題用紙

第２時限　算数

【11：00 ～ 11：45】
（時間45分）

「始め」という合図があるまでは，中を見てはいけません。
それまでは，下の注意をくり返し読みなさい。

〔注　意〕

（1）　机の上には，受検票，えんぴつまたはシャープペンシル，消しゴムを置きなさい。また，机の中には，何も入れないようにしなさい。

（2）　「始め」という合図があってから，解答用紙の受検番号のらんに受検番号を書きなさい。

（3）　問題用紙はこの用紙をふくめて全部で７枚(まい)，解答用紙は１枚です。問題を解き始める前に，よく確かめなさい。枚数が足りないときや多いときは，だまって手をあげなさい。

（4）　答えはすべて解答用紙に書きなさい。解答用紙には，解答および受検番号以外書いてはいけません。なお，備考(びこう)のらんは何も書かないようにしなさい。

（5）　計算をするときは，問題用紙のあいているところを使いなさい。なお，解答らんには解答のみを書きなさい。

（6）　検査時間は，45分です。問題の順序にとらわれないで，分かる問題から答えを書きなさい。なお，「検査終了(しゅうりょう)（終わり）５分前」を放送で知らせます。

（7）　問題文をよく読み，答え方や，答えを書くところをまちがえないようにしなさい。

（8）　問題に関する質問をすることはできません。

（9）　検査中，解答用紙が机からはみ出ないようにしなさい。はみ出しそうな人は，解答用紙を半分に折りなさい。

（10）　印刷の文字がはっきりしないときや，何かを落としたときは，だまって手をあげなさい。

（11）　「やめ」の合図があったら，すぐえんぴつまたはシャープペンシルを置きなさい。

（12）　円周率は，3.14として計算しなさい。

1 次の計算をしましょう。

（1）$2\times5+12-6\div3$

（2）$\left(3-\frac{7}{4}\right)\div\frac{5}{8}$

2 次の図の四角形ＡＢＣＤは，辺ＡＢと辺ＣＤが平行な台形です。
このとき，台形ＡＢＣＤの面積は，何cm²でしょうか。

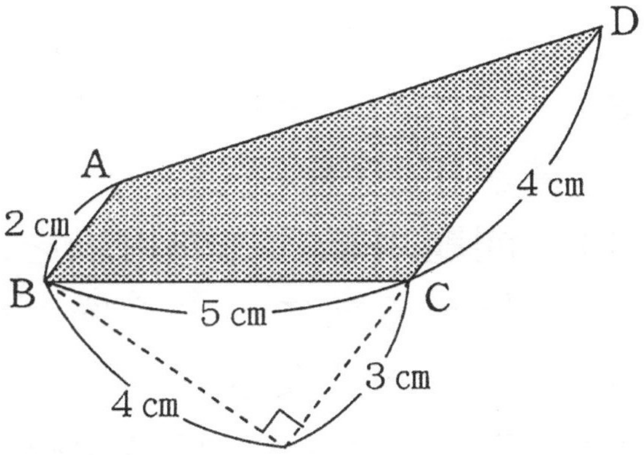

3 Ｆ市の図書館を利用した人の年代別の割合をグラフに表すとき，どのグラフに表すとよいでしょうか。あてはまるグラフをア～エの中から選び，記号で答えましょう。

ア

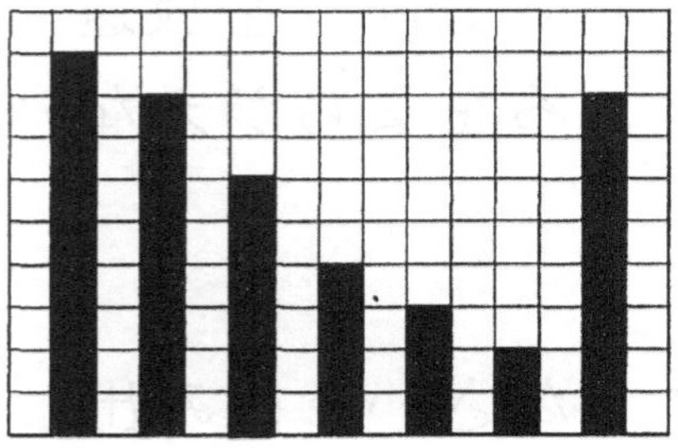

イ

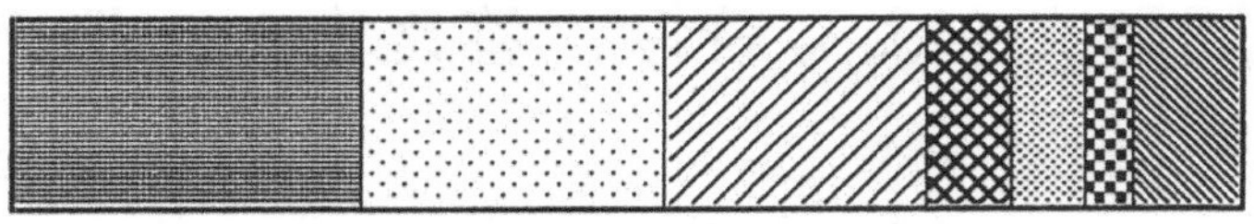

ウ

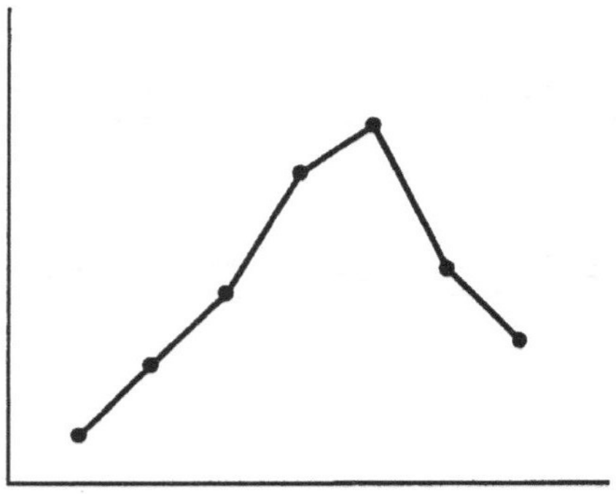

エ

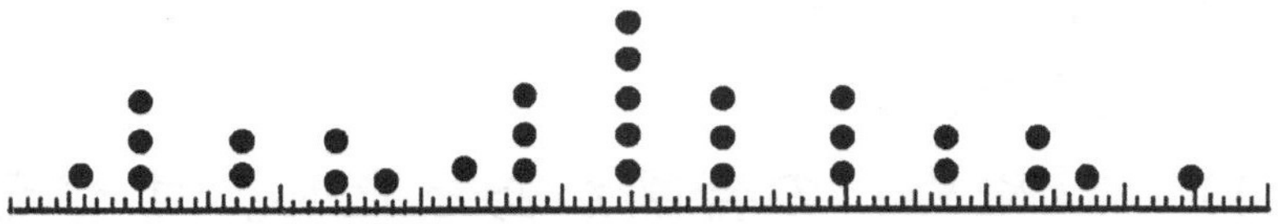

4　右の図は，横の長さがたての長さより長い長方形ＡＢＣＤです。点Ｐは一定の速さでＢを出発して，辺の上をＣ→Ｄ→Ａの順に通って一周し，Ｂにもどります。時間と，三角形ＡＢＰや三角形ＡＰＤの面積の関係を，正しく表しているグラフをア～エの中から選び，記号で答えましょう。

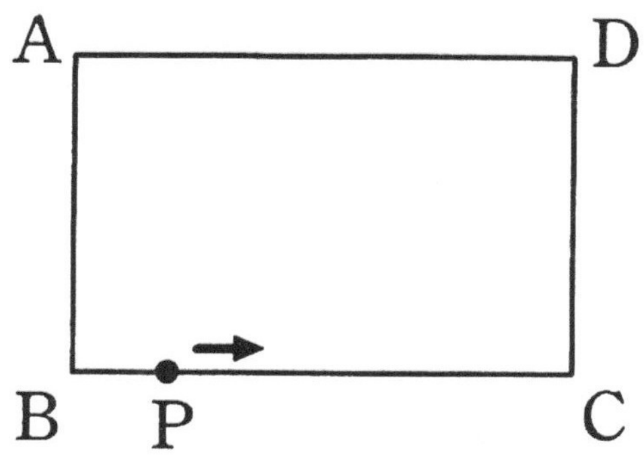

ただし，グラフは，点Ｐが動いた時間を横軸（じく），三角形の面積をたて軸とし，三角形ＡＢＰの面積を実線（━━），三角形ＡＰＤの面積を点線（……）で表しています。

ア

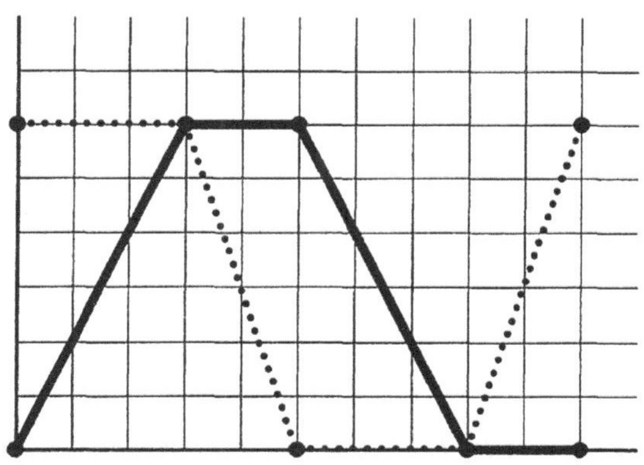

イ

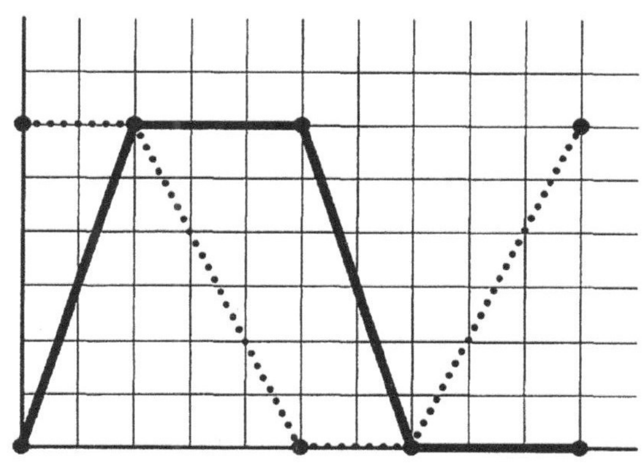

ウ

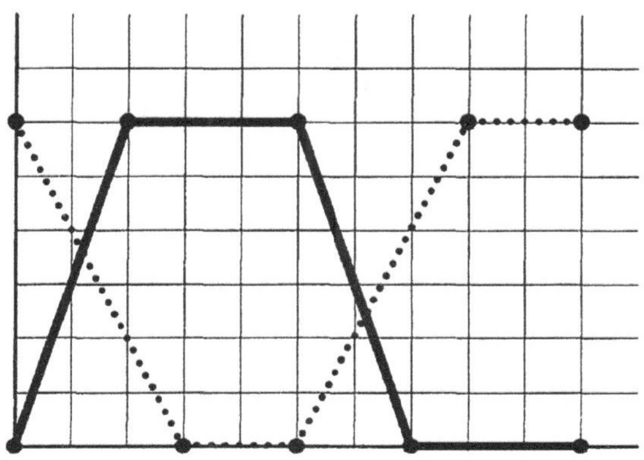

エ

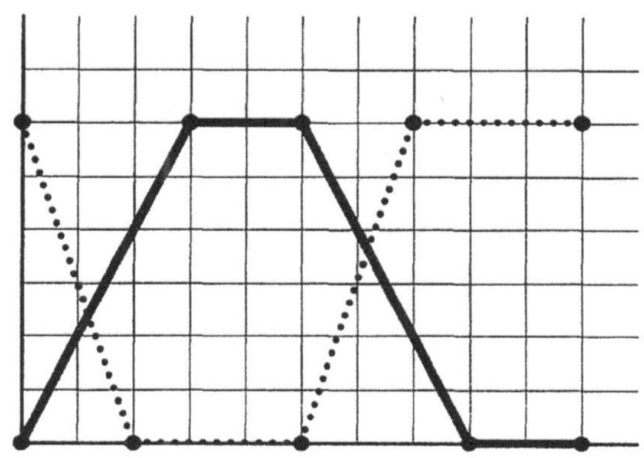

5　Ａさんは，Ｆ中学校の１年生160名に，通学方法についてのアンケートを行い，その結果を次のようにまとめました。

【行ったアンケート】
あなたが通学で利用しているものに○を付けてください。
（　　）バス　　　　（　　）電車
【アンケート結果から分かったこと】
・「バス」に○を付けた生徒が，全体の30％であった。
・「電車」に○を付けた生徒が，全体の50％であった。
・「バス」と「電車」両方に○を付けた生徒が，全体の10％であった。

このとき，「バス」も「電車」も利用していない生徒は何人でしょうか。

2024(R6) 愛知教育大学附属名古屋中
K 教英出版　算7の3

6　ある駅では，Ａ町行きとＢ町行きの電車が利用できます。

【Ａ町行きの電車について】
・駅に到着（とうちゃく）してから１分間停車して，出発する。
・出発してから２分後に次のＡ町行きの電車が駅に到着する。
【Ｂ町行きの電車について】
・駅に到着してから２分間停車して，出発する。
・出発してから３分後に次のＢ町行きの電車が駅に到着する。

午前８時にＡ町行きとＢ町行きの電車が同時に駅に到着しました。このとき，午前８時から午前９時までの１時間で，Ａ町行きとＢ町行きの電車が同時に駅に停車している時間は合計で何分間でしょうか。

7　ソフトボール投げを行い，記録を測りました。10人目までの記録の中央値（ちゅうおうち）は25ｍで，記録の低い順から並べると，５番目と６番目の記録の差は４ｍでした。その後，11人目が記録を測ったところ，11人目の記録は20ｍでした。このとき，11人目までのソフトボール投げの記録の中央値は何ｍでしょうか。

8　１m^2のかべをぬるのに，ペンキを４Ｌ使います。黒色と白色を２：３の量の比になるように混ぜて，25m^2のかべをぬるとき，黒色のペンキは何Ｌ必要でしょうか。

9 あるカレー店では，注文した量によって，比例の関係で料金が設定されます。また，キャンペーンとして，来店した回数によって，反比例の関係で料金が割引（わりびき）されます。次の表は，キャンペーンのときに，Ａさんが来店した１回目から５回目までの，注文した量と料金の関係を表したものです。Ａさんが，10回目に来店したとき，350ｇの量を注文すると，割引後の料金は，何円になるでしょうか。

Ａさんの来店回数（回）	1	2	3	4	5
Ａさんの注文した量（ｇ）	400	200	300	100	150
割引前の料金（円）	2000	1000	1500	500	750
割引後の料金（円）	2000	500	500	125	150

10 次の図について，四角形ＡＢＣＤは正方形で，三角形ＢＥＦは角Ｂの大きさが90°の直角二等辺三角形です。このとき，あの角の大きさといの角の大きさを合わせると何度でしょうか。

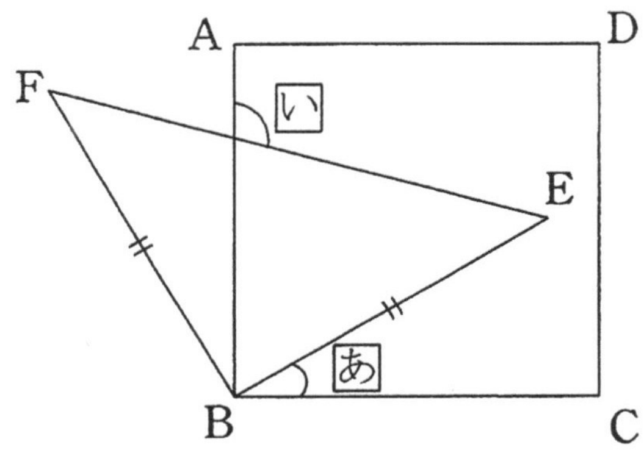

11 次の左の展開図(てんかいず)を組み立てて，右の立方体をつくりました。

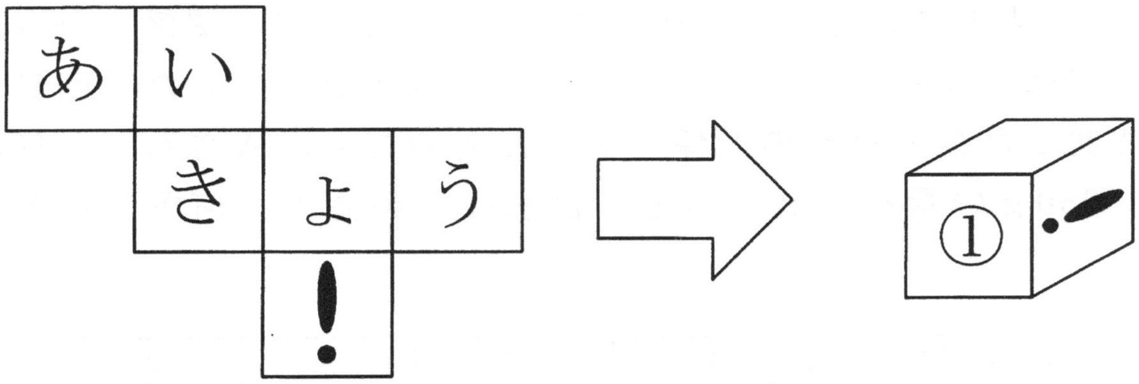

①にあてはまる文字を答えましょう。

また，あてはまる文字の向きをア～エの中から選び，記号で答えましょう。ただし，向きの例として，あてはまる文字を「A」で表しています。

ア　イ　ウ　エ

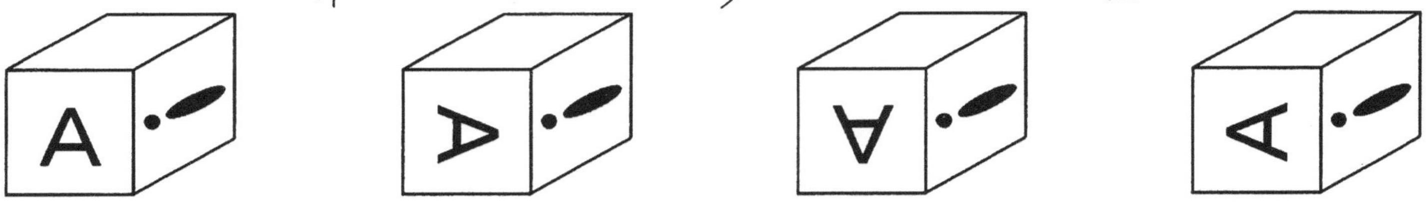

12 図のような円柱と直方体があります。色のついた部分が平行になるように円柱を直方体にさしこみ，組み合わせることで，立体Aをつくりました。組み合わせた立体Aの体積は何cm^3になるでしょうか。

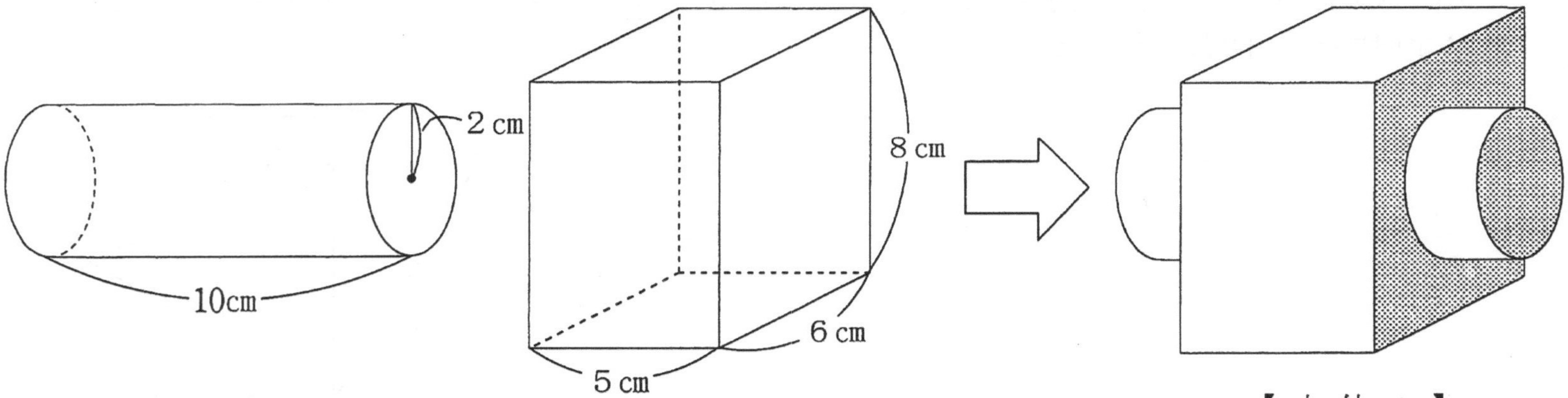

【立体A】

13　Ａさんは，Ｆ中学校の登校時間別の人数を調べ，その割合をヒストグラムと円グラフで表し，まとめました。しかし，インクをこぼしてしまい，読み取れない部分ができてしまいました。このとき，インクで読み取れなくなった部分に表されている，登校時間が30分以上40分未満の人数は何人でしょうか。

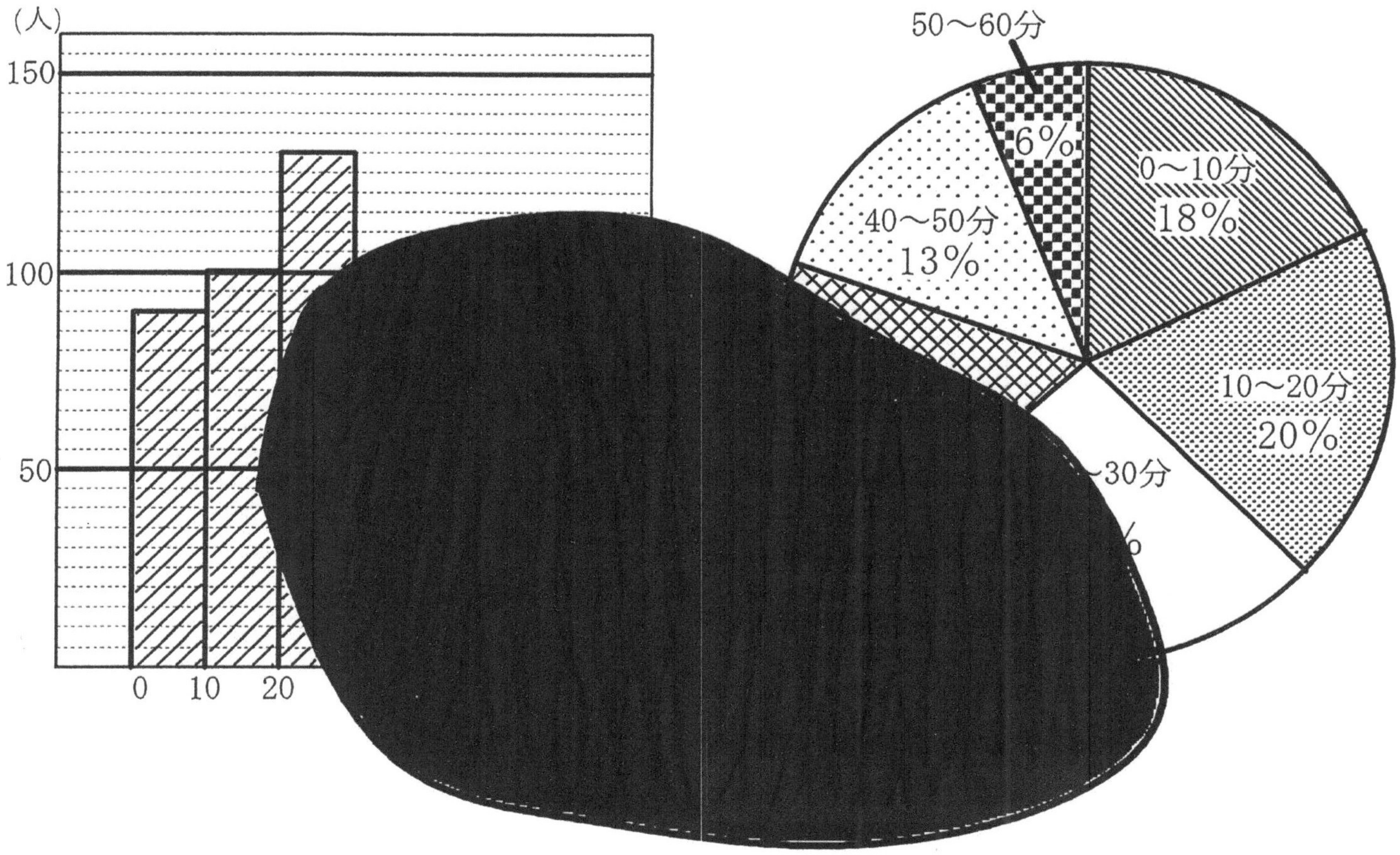

14　次の数は，あるきまりにしたがってならんでいます。

$\frac{1}{63}$，$\frac{1}{21}$，□，$\frac{1}{9}$，$\frac{1}{7}$，…

□にあてはまる分数はいくつになるでしょうか。
また，その理由を答えましょう。

令和６年度　入学適性検査　第１時限　国語　解答用紙

一

問1

問2

問3

問4

問5

問6

問7

問8

問9

問10

二

問1

(1)

(2)

問2

A

B

問3

問4

〜

問5

あ

い

問6

問7

問8

20

30

三

①

ましく

②

③

④

⑤

受検番号	備　考

※50点満点
（配点非公表）

令和６年度　入学適性検査　第２時限　算数　解答用紙

1 （1）

（2）

2

cm²

3

4

5

人

6

分間

7

m

8

L

9

円

10

度

11

文字：

向き：

12

cm^3

13

人

14

□にあてはまる分数：

理 由 ：

受　検　番　号

備　考

※50点満点
（配点非公表）

令和五年度　入学適性検査　第一時限　国語　問題用紙　（時間四十五分）

※50点満点　解答用紙・配点非公表

一　次の文章を読んで、あとの問いに答えなさい。＊印の言葉の説明は、本文の後ろにあります。

中学三年生で美術部部長の「僕」は『市郡こども美術展』に出展する絵を制作していた。しかし、コロナの影響で審査がなくなってしまう。そんな中、「僕」と同じクラスで近所に住んでいるバレー部部長の鈴音が、美術の授業で片付けをする際に筆が当たり、その絵を墨で汚してしまう。鈴音は謝るが、「僕」は気にしないそぶりを見せた。その後、汚れを修正しようとするも気分が向かない「僕」は、たまたま目にした黒い絵の具（アクリルガッシュ）をローラーにべったりとつけて、もとの絵を黒く塗りつぶした。

鈴音に汚されたこの絵を全部黒く塗ったとき、僕は満ち足りていた。

ああ。

＊アクリルガッシュが乾くまで、しばらくこの黒さを眺めていたい。

これは真っ黒じゃない。僕は知っている。

この黒の下にたくさんの色彩が詰まっている。

どのくらいそうしていただろう。

窓からの日差しは傾いて、西日特有の、蜂蜜のようにまろやかな光が、薄汚れたシンクに差しこんでいる。

がたん、と部室のドアが開いた。

部活が終わったばかりなんだろう。バレー部のネイビーブルーのユニフォームを着たままの鈴音がひどく青ざめた顔をして僕を見た。マスクを持ったこぶしを固く握りしめて、真夏なのに少し震えているようにも見えた。そして大股で、一直線に僕に近づいてきて、何かを言いかけて、急に凍りついたような顔になった。

視線の先には真っ黒な＊キャンバス。

「……!!」

息を吸いこむ音と同時に、鈴音は、破裂したように大声で泣き出した。

うわぁあああああああ

って、それこそ幼稚園くらいの子どもがギャン泣きするみたいな勢いで。顔を真っ赤にして、ぼろぼろと、どこからそんな水分が出てくるんだろうっていう勢いで、大粒の涙も、いや、粒なんてもんじゃなくて滝みたいな涙も、鼻水も、大声も、のどの奥から、絞り出すように、叫ぶように。

「ごめっ…ごめん、…ごめんなざっ、…」

しゃくりあげながら鈴音が＊慟哭の合間にごめんなさいをくり返そうとする。

息が詰まって死んでしまうんじゃないかと僕はあわてた。

何より、こんな勢いで泣くなんて。鈴音が泣くなんて。

立ち上がって鈴音を落ち着かせようとするけれど、どうすればいいんだ？　あの猛獣鈴音といえど女子だぞ。一応女子相手だぞ。じいちゃんばあちゃんや子ども相手じゃないんだから、背中トントンとか、違うだろう。僕は行き場を失った手を空中で、＊無様に＊右往左往させた。

「絵っ、……絵、汚して、だか、……だからそんなっ、」

まっくろぉおおおお!!

と、また鈴音が激しく泣き出した。

まっくろ……真っ黒? いや。いやいやいやいや、違う。そうじゃない。確かにきっかけはあの汚れだけど。そうじゃない。

僕は自分の意志で、この絵を黒く塗った。

そしてそれは、僕を少し救いもしたんだ。

どう説明すればいい? ①<u>僕は困って頭をかいた</u>。それからふと、大声で泣いている鈴音の涙や鼻水が、西日できらきらしていることに気づいた。わんわん泣いている姿が、きれいだと思った。思ってしまった。悲しみや衝撃に無になるんじゃない。もうまっすぐに、感情を爆発させている姿だ。

「……ちょっとここに立って」

僕は鈴音の腕を引いて、*イーゼルの後ろに立たせた。鈴音は言われるままに立って、泣き続けた。

僕は絵の具セットから、*パレットナイフを取り出す。

黒のキャンバスに手を置く。もう乾いている。大丈夫。

②<u>僕の毛穴がぶわっと一気に開いたような感覚になった</u>。

……いける!

そっと慎重に、それから静かに力をこめて、僕は黒を削り出していく。

パレットナイフを短く持った指先に伝わる、下絵の凹凸に少しずつ引っかかる感覚。

足元にガリガリと薄く削られて落ちる黒のアクリルガッシュの細い破片。

――スクラッチ技法。

黒い絵の具の中から、僕が描いていたあざやかな色合いが、虹色が、細く細く顔をのぞかせる。

削れ。削れ。削りだせ。

これが僕だ。今の僕らだ。

塗りつぶされて、*憤って、うまくいかなくて、失敗して、大声で泣いてわめいて、かすかな抵抗をする。

僕の心臓はどきどきしてくる。体温が上がる。いいぞ。慎重につかみ取れ。決して逃すな。対象を捉えろ、この鈴音の爆発を捉えろ、削り出し、描け。描け描け描け描け!!!

これは*狩猟だ。獲物を捕まえろ。生け捕れ。

こんな［ あ ］気持ちで絵を描いたのは生まれて初めてだ。

何が変わるわけじゃないけれど、嘘をつくよりか、全力で泣いている鈴音の方が、よっぽど生きている感じがする。

ああ、これだ。

僕は。

③僕はこれが描きたい。

鈴音は、僕が何も言わずに手を動かしているので、④けげんに思ってきたようで、少しずつ呼吸が落ち着いてきた。

こちらをのぞきこもうと一歩踏み出したので、

「そこ、動かないで」

と短く釘を刺す。

僕の鋭い声に、鈴音はとまどったように、その場で直立した。

ずるずると鼻水をすすり、ハンカチすら持っていないんだろう、手の甲で鼻のあたりをしきりにこするので、さすがにかわいそうになって、僕は部室のティッシュを箱ごと彼女の手の届く机にぼんと置いた。

鈴音は、遠慮なしに、まぁさすがに顔は僕から背けて、音をたてて鼻をかんだ。

それからもう一枚ティッシュを取って（その勢いでまぁ*案の定ティッシュの箱を落としたりしながら）目元を豪快に拭きながら僕を見た。

「……何描いてるん？」

「……もうちょい待って」

僕はきりがいいところまで削ると、キャンバスを見た。

ふうっと息を吐く。

まだちょっとどきどきしている。

指先までもが熱を持っているように、赤くなっていた。

立ち上がって黄色いマスキングテープで鈴音の足元に、立ち位置の目印を張りつけた。それからキャンバスに戻って部のデジカメでモデル撮影。

「いいよ、見ても」

絵を汚したという罪悪感があったんだろう、めずらしくおとなしくしていた鈴音がかけ寄るように僕のほうに回りこんだ。

また、息をのむ音がした。

キャンバスいっぱいに虹色の線を削り出したとき。

ピカソの『泣く女』っていう有名な作品は、ピカソの浮気で泣く恋人をその場で描いたものっていう説を知って、なんだそれふつうにひどい男じゃないかって思ったけれど、*僭越ながら今ならちょっとその気持ちがわかる気がした。

いや、別に恋人とか浮気とかそんなんじゃないけど。気持ちをまっすぐに爆発させている人の、パワーとか、そういうものが、僕は美しいと思った。

だったら、描くしかないじゃないか。

「……これ、うち？」

2023(R5) 愛知教育大学附属名古屋中
教英出版 国9の3

「だね」
鈴音はぽかんと口を開けたままじっと絵を見て、少し離れて全体を見て、また近づいてしっかり見て、絵から目を離すことなく、⑤ほうっとため息をついた。
泣いたあとだからか、ほっぺたが赤くて、まつげがきらきらしている。
こんなにきらきらとした目でまじまじと絵を見られたことが僕にはなくて、少し照れくさいような、こわいような、そんな気持ちになってきた。
どう?と聞きたい。そう思ったとき。鈴音がきゅっと僕を見た。
「鼻水まで描くことないじゃん！　きらっきらやん、鼻水！」
「はな……あぁ…鼻水、ね」
僕は*拍子抜けして言った。
「ひどくね？　乙女の泣き顔勝手に描いたあげくに鼻水垂らしてるって！」
「乙女を描いた覚えはないなぁ」
「うわ、マジに腹立つっ！　いやがらせかよっ」
「⑥いやがらせで描いたように見える？」
いつもの鈴音になって、ちょっとほっとしながら僕は言った。鈴音ははっと口をつぐんで、それからゆっくりと首を横にふった。
「ううん。すごい。すごいきれいだと思った。鼻水出てんのに。ひどい顔なのに」
「うん」
それから僕はもう一度ティッシュの箱を鈴音に差し出した。鈴音は照れたように笑って、また盛大に鼻をかんだ。
ぐちゃっと丸めたティッシュいくつかを、片手でわしっとつかんで、ごみ箱に捨て、捨てる勢いでごみ箱を蹴飛ばしてあわてて戻してから、鈴音が聞いてきた。
「これ、描くために黒く塗りつぶしたの？」
「いや、正直何を描くかは決めてなかったんだけどさ。塗りながら、スクラッチが、あぁ、スクラッチってこういう削り出しの技法の名前ね。それができるなぁとは思っていた。⑦もとのあれはなんか嘘っぽいって自分で思ってたから、やり直したかったし」
「嘘っぽい？　あのきれいな絵、好きだったのに。絵に見とれるって初めてだった。だから汚しちゃって、ほんと、ほんっと、悲しくて、辛くて、マジ自分いやになって、」
言いながら鈴音がまた泣きそうになったので、僕は静かに言った。
「まぁ、おかげでこれが描けたんだし」
「だよな、私のおかげだよな」
「調子乗んなよ」
「すんません」
鈴音がまた頭を下げた。

（歌代　朔『スクラッチ』による）

＊アクリルガッシュ：つやのない不透明の絵の具。乾きが非常に速い。
＊キャンバス：絵を描くための厚手の布。ここでは縦横約1メートルのサイズのパネルに張ってある。
＊慟哭：ひどく悲しんではげしく泣くこと。
＊無様：みっともないこと。
＊右往左往：うろたえてあっちに行ったり、こっちに行ったりすること。
＊イーゼル：絵を描くときにキャンバスなどを乗せるための直立した台のこと。
＊パレットナイフ：パレット上で絵の具を混ぜるときに使う道具。絵の具を削ったり絵を描いたりする際にも用いる。
＊憤って：ひどく腹を立てて。
＊狩猟：鉄砲や網などで野生の鳥やけものを捕らえること。狩り。
＊案の定：思っていたとおり。
＊僭越：自分の立場をこえて出過ぎたことをすること。
＊拍子抜け：緊張が急にゆるんでがっかりすること。張り合いがなくなること。

問1　——線①「僕は困って頭をかいた」とあるが、それはなぜか。理由を説明した次の文の［　］に当てはまる言葉を、［a］は五文字で、［b］は七文字で文章中からぬき出しなさい。

「僕」は［a］で絵を黒く塗って［b］にもかかわらず、鈴音が責任を感じて、激しく泣いているから。

問2　——線②「僕の毛穴がぶわっと一気に開いたような感覚になった」のはなぜか。最も適当なものを一つ選び、記号で答えなさい。
ア　鈴音が泣いている姿を見て、自分も鈴音への感情を爆発させることができたから。
イ　鈴音が絵を汚したことが、自分の画力を一気に向上させることにつながったから。
ウ　鈴音が感情を爆発させている姿を美しいと感じ、その姿を描きたいと思ったから。
エ　鈴音が自分のせいで泣いている姿を見て、自分に対して怒りがこみ上げてきたから。

問3　［あ］に当てはまる言葉として最も適当なものを一つ選び、記号で答えなさい。
ア　好戦的な　　イ　個性的な　　ウ　楽観的な　　エ　理想的な

問4　——線③「僕はこれが描きたい」とあるが、「僕」が描きたかったものは何か。文章中から三十一文字で探し、はじめと終わりの四文字をぬき出しなさい。

問5　——線④「けげんに思って」とあるが、これはどういうことを表しているか。最も適当なものを一つ選び、記号で答えなさい。
ア　何をしているかが分かって安心している。
イ　何の相手もしてもらえずいらいらしている。
ウ　何もかもどうでもいいとあきらめている。
エ　何をしているか分からず不思議がっている。

問6　――線⑤「ほうっとため息をついた」とあるが、鈴音がため息をついた理由として最も適当なものを一つ選び、記号で答えなさい。

ア　新たに絵を描くことになってしまい申し訳なかったから。

イ　自分が美しく描かれていたことが気に入らなかったから。

ウ　鼻水も出たひどい顔なのにすごくきれいだと感じたから。

エ　何を描いていたかというなぞが解けてすっきりしたから。

問7　――線⑥「いやがらせで描いたように見える？」と言ったときの「僕」の気持ちとして適当でないものを一つ選び、記号で答えなさい。

ア　安心　　イ　自信　　ウ　不安　　エ　興奮

問8　――線⑦「もとのあれ」とあるが、それは何を指していると考えられるか。最も適当なものを一つ選び、記号で答えなさい。

ア　鈴音が見とれるような色あざやかな絵。

イ　「僕」がスクラッチで描いた虹色の絵。

ウ　鈴音が汚して墨のついた未完成な絵。

エ　黒の下にたくさんの色彩が詰まっている絵。

問9　文章中から分かる鈴音の人物像として適当でないものを一つ選び、記号で答えなさい。

ア　自分のしてしまったことを心から悔やんでいるすなおな人物。

イ　相手のことを考えて自分の思いをがまんできる落ち着いた人物。

ウ　悲しみや辛さなどの感情をかくさずに表現するまっすぐな人物。

エ　自分の思ったことはすぐに口に出してしまう裏表のない人物。

問10　この文章の特ちょうを表した次の文のうち、適当でないものを一つ選び、記号で答えなさい。

ア　同じような言葉を連続させることで、起きている出来事に緊張感を感じさせている。

イ　「僕」の目線で書くことで、「僕」と鈴音の思いが読み手に伝わりやすくなっている。

ウ　「どきどき」などの状態を表す言葉を用いることで、人物の行動を生き生きと描いている。

エ　比喩を用いることで、人物の感情やその場の情景が読み手に想像しやすくなっている。

オ　「僕」と鈴音のテンポのよい会話が、読者にその場で聞いているような感覚を与えている。

二　次の文章を読んで、あとの問いに答えなさい。＊印の言葉の説明は、本文の後ろにあります。

オリンピックメダリストたちの気持ちについて考えてみる。オリンピックでは、１位、２位、３位の選手は表彰台に上り、それぞれ金、銀、銅の＊栄誉あるメダルを＊授与される。［ア］各メダリストが感じている喜びや幸福感、達成感などは、金メダリストが最も大きく、次に銀メダリスト、最後が銅メダリストという順番になるはずである。

しかしながら実際は違う。［イ］喜びや幸福感、達成感、満足感などのポジティブな感情は金、銀、銅の順番ではなく、金、銅、銀の順となる。［Ａ］順位がよい①からといって、より大きな満足感が得られるとは限らないのである。［ウ］ここでオリンピックメダリストたちを対象にした研究を紹介する。

１９９２年に開催されたバルセロナ・オリンピックに関して、全米放送局の報道をすべて録画し、銀メダルおよび銅メダルが決まったときのアスリート（主にアメリカ人）の様子、および表彰式の様子をピックアップ（銀メダル23名、銅メダリスト18名）して、スポーツに興味がなく、競技結果を知らない大学生20名に、それらの映像を見せて各アスリートの感情を＊推測してもらった。［エ］その結果、大学生たちは、メダルが決まった瞬間と表彰式の両方の場面で、銅メダリストのほうが銀メダリストよりも幸福そうに見えると判断した。［オ］

次に、メダル受賞者（銀メダリスト13名、銅メダリスト９名）へのインタビュー映像を見せて、メダリストたちの発言内容からどのような考え方をしているのかを大学生10名に推測してもらった。その結果、①銀メダリストたちは銅メダリストよりも「私はほとんど××できなかった」という考え方をしている、②銀メダリストは＊優勝者と＊比較する言動をしている、その一方で、③銅メダリストは自分自身が達成したことについて＊言及している、と実験参加者たちは推測した。

［Ｂ］、オリンピック後にメダリストたちが参加する＊フォーラムに出席した１１５名のメダリストたちに質問したところ、銀メダリストたちは銅メダリストよりも「私はほとんど××できなかった」という考え方をしていた。

②これらのことから、銀メダリストは、銅メダリストよりも、「金メダルを＊獲得できなかった」「勝つことができなかった」などのような「達成できなかったこと」に＊焦点を当てる＊傾向があるので、［あ］ことがわかる。

それに対し、銅メダリストは「少なくともメダルを獲得できた」と考えることができるので、銀メダリストよりも幸福感や満足感を得やすい。それらのことが私たち観客にも伝わってくるため、銅メダリストのほうが銀メダリストよりも、［い］しているように見える、というわけである。

上向きの＊反実仮想的思考（現状よりもよりよいことを想像する）は、銀メダリストという素晴らしい成績をあげた人たちにさえ、幸福感や満足感などを下げ、後悔を生じさせる。

社会的に成功した人たちや裕福な人たちであっても、それほど幸せそうに見えないことがある。その人たちは、上向きの反実仮想的思考をしているのかもしれない。一方、下向きの反実仮想的思考（現状よりも悪い結果を想像する）は自分がやり*遂げたことを見つめなおし、現状を*客観的に評価することなども*促すので、達成感や満足感も生む。「足るを知る者は富む」かどうかはわからないが、適度な下向きの反実仮想的思考によって、③精神的な豊かさを手に入れることができるといえる。

最後に北京2022オリンピック冬季競技大会で銀メダルを獲得したカーリング女子日本代表チーム*スキップ藤澤五月のセレモニー後のインタビューで締めくくる。

「こんなに悔しい表彰式ってあるんだなっていうのを初めて感じて、4年前は勝って終わって表彰台（銅メダル）に上って、あのときは嬉しい気持ちもあったんですけど、こうやって4年前とはひとつメダルの色（銀メダル）も変わったんですけど、正直まだ悔しさのほうがあって。でもここまでこのメンバーで今日まで最終日までみんなでプレーできたってことは本当にすごく嬉しかったですし、このチームを本当に心から誇りに思います」。

（上市　秀雄『後悔を活かす心理学』による）

* 栄誉：名誉。
* 授与：さずけあたえること。
* 推測：他のことをもとにして、あることの状態・なりゆきなどをおしはかること。
* 比較：くらべること。
* 言及：話を進めていって、その事にふれること。
* フォーラム：公開されている討論会。
* 獲得：努力や競争をした結果、手に入れること。
* 焦点：興味や話題の中心になること。
* 傾向：性質や状態がある一つの方向に進もうとする働き。
* 反実仮想的思考：「もし○○だったら××になっていたかもしれない」と、実際に起こったこととは別の結果や過程を想像すること。
* 促す：さいそくする。はやめる。
* 客観的：個人の考えにとらわれないでものごとを見たり、考えたりする様子。
* スキップ：カーリングにおける役割のひとつ。

問1　次の(1)、(2)の文は文章中の ア 、 イ 、 ウ 、 エ 、 オ のどこに入るのが最も適当か。一つずつ選び、記号で答えなさい。

(1)　アスリートたちは毎日の厳しい練習に耐え、少しでもよい成績であるほうが、より大きな喜びや幸福感、達成感などを得られる。

(2)　このようなことが起こる原因のひとつは、反実仮想的思考にある。

問2　 A 、 B に当てはまる最も適当な言葉を一つずつ選び、記号で答えなさい。

ア　ところで　　イ　または　　ウ　さらに　　エ　しかし　　オ　つまり

問3　――線①「から」と同じ使い方のものを一つ選び、記号で答えなさい。

ア　窓から私の学校が見える。
イ　暑いからエアコンをつける。
ウ　友達からおみやげをもらった。
エ　疲れからかぜをひいてしまった。

問4　――線②「これら」が指す内容として適当でないものを一つ選び、記号で答えなさい。

ア　銅メダリストは優勝者と比べることで、自分の達成したことを評価していること。
イ　銅メダリストは銀メダリストと違い、自分が達成したことについて話していること。
ウ　銀メダリストは「私はほとんど××できなかった」という考え方をしていること。
エ　銀メダリストは銅メダリストに比べると、表彰式でも幸福そうには見えないこと。

問5　[あ] に当てはまる最も適当な言葉を次から一つ選び、記号で答えなさい。

ア　幸福感が高まる　　イ　責任感がない
ウ　使命感が強い　　エ　達成感が低い

問6　[い] に当てはまる最も適当な言葉を文章中から探し、漢字二文字でぬき出しなさい。

問7　――線③「精神的な豊かさ」とあるが、本文中において、これと同じ内容を示している部分を文章中から二十五文字で探し、はじめと終わりの四文字をぬき出しなさい。

問8　この文章について述べた次の文のうち、適当なものを次から二つ選び、記号で答えなさい。

ア　社会的に成功した人たちや裕福な人たちは、上向きの反実仮想的思考をしているため満足感が低く、幸せそうには見えない。
イ　上向きの反実仮想的思考は現状よりもよりよいことを想像するため、十分に喜びや満足感、達成感を得ることができる。
ウ　「足るを知る者は富む」という言葉のように上向きの反実仮想的思考をすることで自分に足りないものを自覚することができる。
エ　藤澤選手は２０１８年のオリンピックでは下向きの反実仮想的思考をしていたため銅メダルでも嬉しかったと考えられる。
オ　適度な後悔を生じさせる下向きの反実仮想的思考は、次の機会に向けて前向きに努力するきっかけをもたらしている。
カ　下向きの反実仮想的思考をしていると今よりも悪い結果を想像するため、自分のやり遂げたことを客観的に評価できる。

問9　＝＝線「銅メダリストのほうが銀メダリストよりも幸福そうに見える」の中の「より」をここでの意味と同じ意味で使い、二十文字以上三十文字以内で主語と述語のある一文を作りなさい。ただし、この文と同じ表現は使わないようにしなさい。

三　①から④の～線部の漢字はひらがなに、カタカナは漢字に直しなさい。（送りがなが必要な場合は、送りがなもつけること）⑤は三つの熟語となるように□に入る共通の漢字を答えなさい。

①朝顔の種が発芽する。　②シュウカン誌が発売される。　③小麦をユニュウする。
④道がマジワル。　⑤食□・□体・□語

令和５年度　入学適性検査　第２時限　算数　問題用紙
（時間４５分）

※50点満点　解答用紙・配点非公表

1　次の計算をしましょう。

（1）16－8÷4＋2×3

（2）(2.4－1.6)÷(1.2＋0.8)

2　次の図で，辺ＡＢと辺ＢＣの長さは等しく，辺ＣＤと辺ＤＡの長さも等しいです。
このとき，あの角の大きさは何度でしょうか。

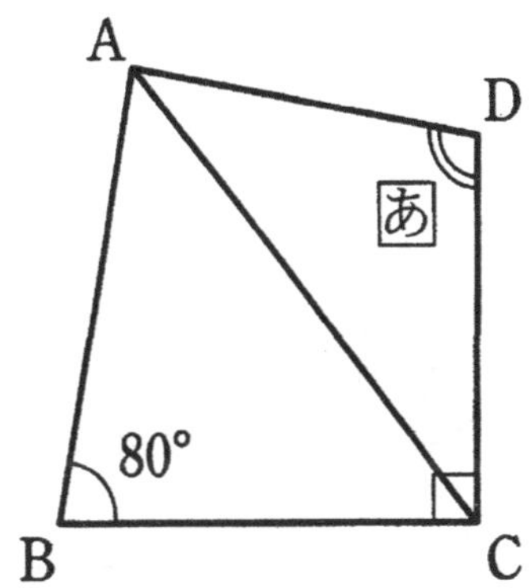

3　０から４までの整数が書かれた５枚のカードがあります。その中から２枚のカードを選んで２けたの整数を作ります。全部で何通りの整数ができるでしょうか。

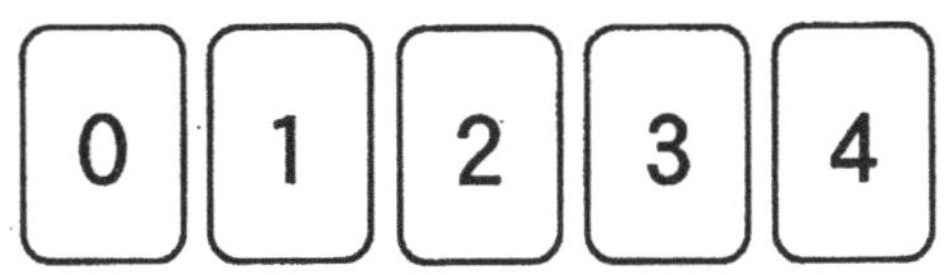

4　Ａさんは，おもりの重さとばねの長さの関係について調べました。このばねは100ｇのおもりをつり下げると44cm，200ｇのおもりをつり下げると48cmになりました。このばねに重さの分からないおもりをつり下げると56cmになりました。このおもりの重さは何ｇでしょうか。

5　約数の個数が６個で，33との最大公約数が11である整数のうち，最小のものはいくつでしょうか。

6 スーパーマーケットに買い物に行きました。りんご２個とみかん４個を買うと500円になります。りんご２個とみかん８個を買うと740円になります。
りんご１個のねだんは何円でしょうか。

7 Ａ君は100点満点のテストを４回受けました。３回目までの平均点が90点で，４回目までの平均点が92点となったとき，４回目の点数は何点でしょうか。

2023(R5) 愛知教育大学附属名古屋中
教英出版 算3の2

8 Ａさんは，家から学校へ出発しました。数分後，Ａさんのお母さんは，Ａさんがわすれ物をしたことに気づき，Ａさんを追いかけました。
次のグラフは，Ａさんが出発してからの時間と，Ａさんとお母さんの２人の距離(きょり)との関係を表したものです。お母さんは，家から何ｍ離(はな)れた場所でＡさんに追いついたでしょうか。

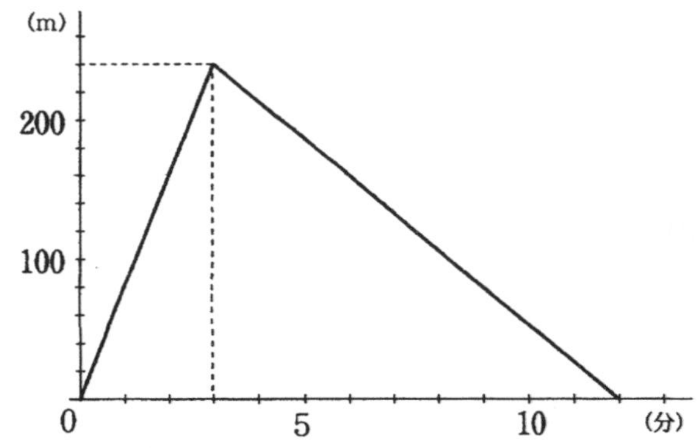

9 バスケットボール部で，シュート対決を行いました。１，２回目の得点はそれぞれ２点，３回目の得点は３点として，３回の得点の合計で競(きそ)いました。
次の表は，シュート対決の合計得点と人数の結果をまとめたものです。１回目にシュートを決めた人は18人いました。２回目を決めた人は何人いたでしょうか。

合計得点	７点	５点	４点	３点	２点
人　数	３人	５人	９人	７人	18人

10 次の図で，三角形ＡＢＣの面積は何cm²でしょうか。

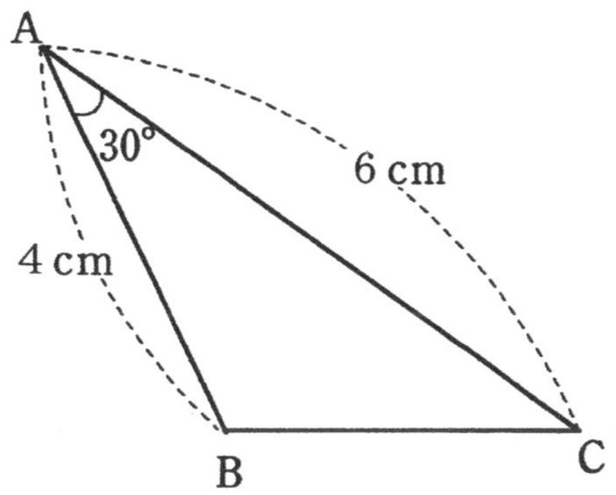

11 直方体の水そうに水が入っています。この水そうの中に，底面の直径20cm，高さ30cmの円柱のおもりを立てて入れると，水の高さは20cmになりました。次に，この円柱のおもりをたおして入れると，水の高さは22cmになりました。このとき，水そうの底面積は何cm²でしょうか。

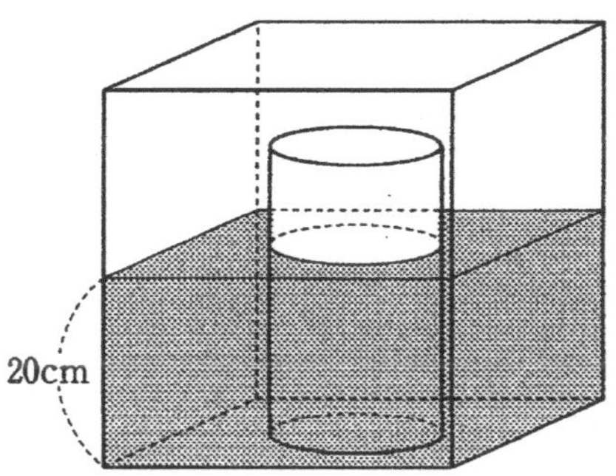

【円柱のおもりを立てて入れたとき】

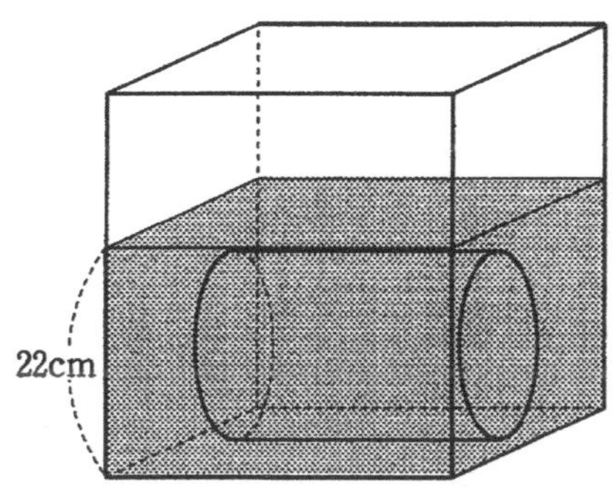

【円柱のおもりをたおして入れたとき】

12 Ｎ小学校の図書室の利用について調べました。図１は，学年別の貸し出された本の割合(わりあい)を表したものです。図２は，６年生に貸し出された本の種類の割合を表したものです。１年生に貸し出された本が4410さつだったとき，６年生に貸し出された物語の本は何さつでしょうか。

【図１】
学年別の貸し出された本の割合

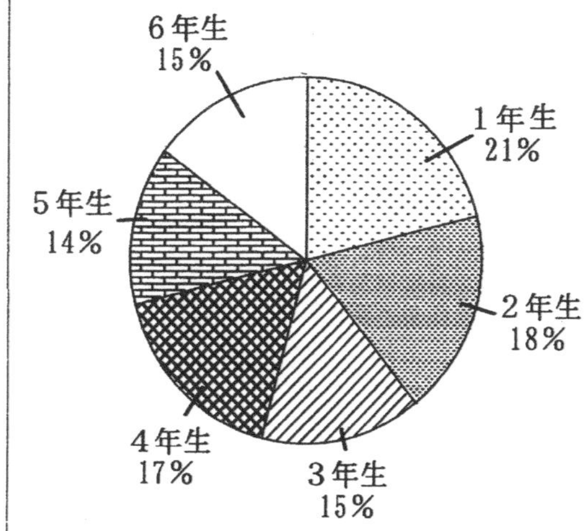

【図２】
６年生に貸し出された本の種類の割合

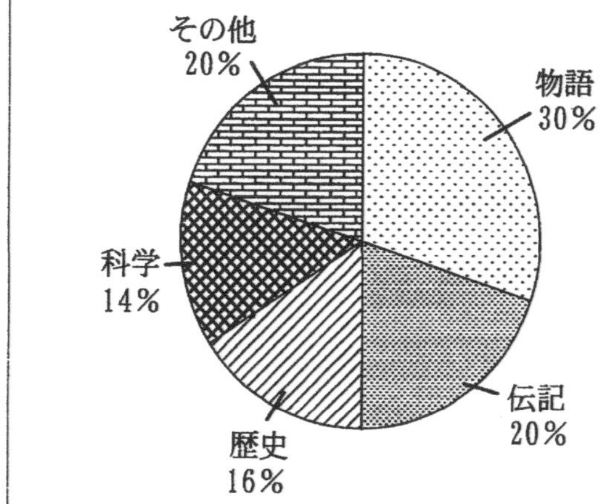

13 次のように，あるきまりにしたがって整数がならんでいます。

１，１，２，３，５，８，13，…，17711，28657，…

17711の２つ前の数はいくつになるでしょうか。きまりをもとに説明しましょう。

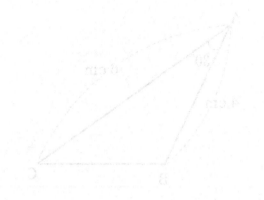

愛知教育大学附属名古屋中学校

令和四年度　入学適性検査　第一時限　国語　問題用紙　（時間四十五分）

・＊印の言葉の説明は、各文章の後ろにあります。
・解答する際は、句読点（。と、）や、かぎかっこも文字数にふくめます。

一　次の文章は、新聞係の「ぼく」（井田敦也）と魔王（堤奏太）が、担任の汐見先生の提案で、学級新聞についての編集会議をしている場面である。文章を読んで、あとの問いに答えなさい。
【＊印の言葉の説明は、本文の後ろにあります】

「じゃ、まねじゃないことって、なんだよ。」

しぼりだすように、魔王＊がいった。

「みんなが知らないことだよ。事件とか、情報だよ。知ってよかったなって思うことや、こういうことがあったんだ、知らなかったとか。スクープなら、なおいいし。」

「スクープって、井田くんは意味、わかってつかってる？」

「わかってるよ。ほかの新聞がまだ書いてないすごい記事をのせることだよ。新聞記者はみんなスクープをねらっているんだ。」

「学級新聞、ほかのクラスはつくってないだろ。だったら、ライバルはいないわけだから、何を書いてもスクープになる。」

「そうじゃなくてさ。みんなが、はっと驚くような記事ってことだよ。新聞係、がんばったな、すげえなーってさ。」

「驚くとか、すげーって、あいまいだな。具体的にいえよ。」

「具体的？」

「そっ。だって、学校で、事件なんてないじゃん。スクープを書きたいって、井田くんは、目だちたいだけでしょ。」

「そ、そんなことないよ。ひどいな。」

「じゃ、何、したいかいってみて。どんな事件か、どんな情報か。」

魔王は、つくえを小さく指でたたきながらいう。

そうきたかと、①ぼくはむねをはった。ここで負けてはいられない。

「この前、プールの更衣室の塀に落書きされたって事件があったじゃん。その犯人をつきとめるとか、どう？」

「先生たちでもわかんないんでしょ。どうやってしらべる？　また、犯人がくるまで待つとかは、やだよ。」

魔王ははげしく首を横にふった。

「それじゃ、図書室の本をよごす人がいるって、図書委員が困っているから、それを……。」

「それ、この前くばられた図書通信に書いてあったことでしょ。オリジナルのネタをさがすんじゃないの？」

「うーんと、えーと、それなら、給食の献立については？　最近デザートのプリンがでないのはなぜか。みんなが気にしてるでしょ。それ、書いたらうけるよ。『給食献立のなぞ』として、給食の調理員さん、直撃！　とかさ。」

これはいいって、＊語尾を強めた。みんなが新聞を見て、「すげーっ。」っていうのが目にうかぶよう。
「おもしろいけど、献立（こんだて）になぞとかほんとうにあるの？　栄養士さんがバランスを考えてたてているんでしょ。そんなの、事件でもなんでもないんじゃない？」
＊しらっとした口調で、冷たくいう。
もう、がまんの限界だった。
「なんなの。全部、反対じゃん。」
つくえのあしをけって立ちあがる。
「そんなふうにいわれたら、なーんもできないじゃん。ぼくのやりたいこと、みんな反対なんだろ。」
こんなの会議じゃない。ケチのつけあいだ。
「まあまあ。」
②<u>あわてた様子で汐見（しおみ）先生がかけよってきた。</u>
「二人とも、そう、熱くなるな。さっきから聞いていて、二人とも意見があるのはよくわかった。落ちついて、何をのせるかの前に方針（ほうしん）を決めよう。」
汐見先生はぼくの肩（かた）に手を置いて、すわれという。
「方針？」
「そう。目標みたいなものだ。どういう新聞にしたいかってやつ。」
「それは、みんながおもしろく読んでくれるのがいい。そして、読んでよかったって思えばもっといい。あと……。」
ぼくはくちびるをかんで考える。もやもやっと思っていたことを言葉にするのってむずかしい。
「あと、なんだ。ゆっくり考えていいぞ。」
「うーんと、やっぱり真実をのせたい。うそはいやだ。ちゃんと、これは伝える価値（かち）があるって思えるものをのせたい。」
「そうか。井田（いだ）は［ あ ］があるんだな。その点はいいぞ。どうだ？　それに対して堤（つつみ）は？」
汐見先生は魔王（まおう）のほうを見る。
「まあ、おれはきれいに＊レイアウトされた読みやすい紙面がつくれればいいよ。井田くんの方針でもかまわないけど……。」
「けど？」
「真実かどうかって、どう決めるのかなって、ちょっと……。」
「うそじゃなきゃ、真実だよ。かんたんだ。」
「そうかな。ものごとの見方って、ひとりひとりちがったりするだろ。だったら、真実とか、うそかうそじゃないかっていうのも、人によってちがうから、かんたんに決められないと思う。そういうの、のせられるの？」
「えーっ？」

③ぽかーんとしてしまった。

魔王ってときどき、わけのわからないことをいう。

「ほうーっ、堤はするどいことをいうな。ものの見方は人によってちがうから真実もちがう……か。」

汐見先生は④感心した目つき。

「もうっ、先生、どっちの味方なの？」

なんで魔王がほめられるのと、⑤口をとがらせた。

「どちらの味方でもないよ。それに、いい新聞についての正解もひとつじゃないと思うしね。」

汐見先生は、はぐらかすように、にやにやする。

「まあ、二人の方針に、大きな食いちがいはないんじゃないか。井田がいっている真実は、できるだけうそは書かないって意味なんだよ。つまりまとめると〈みんなが⑥興味をもって読む、きれいにレイアウトされた新聞。でたらめは書かない。〉それで、どうだ？」

いいよっと、うなずいた。［い］って言葉が入っていないのは残念だが、でたらめは書かないというぼくの意見は反映されている。

魔王は何か反論するかと思ったが、それでいいと、すなおにうなずいた。先生にはさからわないんだ。

「そこさえおさえておけば、だいじょうぶだ。もめたら、⑦その原点に立ちもどって考えるといい。」

汐見先生は話したことをメモにとり、魔王とぼくにわたしてくれた。方針をおさえて、ゆずりあって協力しろと念を押す。

「うーん。」

先生のいいたいことはわかった。

しかし、ゆずりあえっていわれて、なんだかおもしろくない。

おまけにまだ、記事の内容はひとつも決まってない。どうしようと思っていると、汐見先生は腕時計を見て立ちあがった。

（赤羽　じゅんこ『ぼくらのスクープ』による）

＊ 魔王…堤奏太のあだ名。魔王と書かれたTシャツばかり着ているため、魔王とよばれるようになった。
＊ 語尾…言葉の言い終わりの部分。
＊ しらっとした…おもしろくなさそうな。
＊ レイアウト…新聞・雑誌などの紙面における、文字・さし絵・写真などの配置。

問1　――線①「ぼくはむねをはった」とあるが、このときの「ぼく」の気持ちとして最も適当なものを一つ選び、記号で答えなさい。

ア　スクープという言葉の意味がよく分からなくなりあせる気持ち。
イ　自分のいったことに魔王がすぐに反応してくれてうれしい気持ち。
ウ　つくえを小さく指でたたくという魔王の行動にいらだつ気持ち。
エ　どんなことを聞かれても答えてやるぞという自信に満ちた気持ち。

問2　――線②「あわてた様子で汐見先生がかけよってきた」とあるが、汐見先生がかけよってきた理由として、最も適当なものを一つ選び、記号で答えなさい。

ア　「ぼく」も魔王も、自分の意見をもたずに相手の悪口をいうばかりで、紙面についての話し合いが進む様子が見られなかったから。
イ　魔王が「ぼく」のいったことに対して、あまりにも冷たい答え方をしているので、さすがに「ぼく」がかわいそうだと思ったから。
ウ　つくえのあしをけって立ちあがった「ぼく」を落ち着かせて、まずは新聞にどんな記事をのせるかを、二人に考えさせたかったから。
エ　「ぼく」と魔王の会議が言い争いになりつつあり、このままでは話が進まないので、話し合いの手助けをしようと思ったから。

問3　[あ] に当てはまる言葉として最も適当なものを一つ選び、記号で答えなさい。

ア　行動力　　イ　満足感　　ウ　正義感　　エ　想像力

問4　――線③「ぽかーんとしてしまった」とあるが、このときの「ぼく」の気持ちとして最も適当なものを一つ選び、記号で答えなさい。

ア　自分はうそでなければ真実だと思っていたのに、魔王は納得していなかったから。
イ　汐見先生が魔王のいうことばかりにうなずいていることが、不思議だったから。
ウ　自分が何をいっても魔王が自分の考えに反対ばかりして、あきれてしまったから。
エ　真実とか、うそかうそじゃないかということは、人によって違うと気づいたから。

問5　――線④「感心した目つき」とあるが、汐見先生はどのような言葉を聞いて感心したのか。文章中から連続した二文で探し、はじめの五文字をぬき出しなさい。

問6　――線⑤「口をとがらせた」とあるが、「口をとがらせる」の意味として最も適当なものを一つ選び、記号で答えなさい。

ア　不満そうな態度をとる。　　イ　必死で笑いをこらえる。
ウ　はっきりと怒りを表す。　　エ　相手の言ったことを疑う。

問7　――線⑥「興味をもって読む」と同じことを表している部分を、文章中から十一文字でぬき出しなさい。

問8 い に当てはまる言葉を文章中から四文字でぬき出しなさい。

問9 ―― 線⑦「その原点」が指すものとして最も適当なものを一つ選び、記号で答えなさい。

ア 目の前の真実　　イ 二人の方針
ウ ゆずり合う気持ち　　エ すなおな心

問10 この文章の特ちょうを表した次の文のうち、適当なものを二つ選び、記号で答えなさい。

ア 「ぼく」の複雑な気持ちを、たとえを用いて間接的に表現することで、「ぼく」が実際にはどう思っているかを、読み手に考えさせるようにしている。

イ 「ぼく」と魔王(まおう)や汐見(しおみ)先生とのやりとりを、会話文だけで連続させることで、「ぼく」の気持ちが追いこまれていく様子がよく分かるようになっている。

ウ 会話以外の文は一文が短くなっており、教室の情景がくわしく説明されているので、自分が編集会議に参加しているような感覚で読むことができる。

エ 「ぼく」の目線で書かれており、連続する会話の中に自分の気持ちや相手の行動をはさむことで、「ぼく」の不満やいらだちが伝わりやすくなっている。

オ 「うーんと」「えーっ？」など、会話文の中に登場人物のとまどいや反応が直接的に表現されることで、登場人物の気持ちが想像しやすくなっている。

カ 「ぼく」が魔王の言葉をどう解釈(かいしゃく)したかを魔王の発言のあとに入れこむことで、魔王がどのような気持ちで話しているかを読み手に分かるようにしている。

2022(R4) 愛知教育大学附属名古屋中
K 教英出版　国7の5

二　次の文章を読んで、あとの問いに答えなさい。

【＊印の言葉の説明は、本文の後ろにあります】

「生きがいとは何か」を考えたとき、人生の＊明確な目標をもっていることが大事であることがわかりました。それでは、何を目標にわたしたちは生きていけばよいのでしょうか。［ア］いろいろな答が考えられると思いますが、みなさんであれば、①この問いにどのように答えるでしょうか。

［A］社会に出て高い地位に就きたいとか、あるいはたくさんお金を稼いで＊裕福になりたいと考える人もきっといるでしょう。それに対して、裕福になるよりも、健康の方が大事だとか、自分の能力を＊発揮できる仕事に就くことの方が大切だと言う人もいるかもしれません。［イ］自分のことや自分の周りのことだけでなく、広く社会に＊貢献したいと考える人もいるかもしれません。

いろいろな例を挙げましたが、それらはどれも手に入れたいものです。全部手に入れたいと思った欲ばりな人もいるかもしれません。［B］、そう簡単にはいかないでしょう。たとえば、いま挙げたものが、互いに対立するようなことも考えられるからです。よい仕事をしようとして無理をし、体をこわすようなことがあるかもしれません。②親の言うことに耳を傾けることはよいことでしょうが、その＊意向に従ってばかりいれば、自分の本当にやりたいことができなくなってしまうかもしれません。親の反対を押し切ってでも、自分の道を進むべきときが来るかもしれません。

［ウ］いま挙げたものはすべて望ましいものでしょうが、［あ］を歩んでいくなかで、どれかを選び、どれかを捨てなければならないかもしれません。そのときどうすればよいでしょうか。いま挙げたものがもっている「望ましさ」の度合いの違いが判断の手がかりになるかもしれません。望ましいものも同じ程度に望ましいのではなく、そのあいだに＊序列がある、あるいは手段と目的の関係があるとも言えそうです。たとえばバランスのよい食事は健康につながるでしょうし、健康であればこそしっかりと勉強することができます。しっかりと勉強すれば、めざす職業に就く可能性が開かれてきます。［エ］

このように「望ましいもの」の手段と目的の関係をたどっていくと、最後にどこに行きつくのでしょうか。最終的な目標というのがあるのでしょうか。もう他のものの［い］とはならない③「望ましいものそのもの」というものがあるのでしょうか。つまり、何かのためにではなく、それ自体が「よい」と言えるものがあるのでしょうか。［オ］それがはっきりすれば、何を目標に生きていけばよいのかという問いに答えられそうです。

（藤田　正勝『はじめての哲学』岩波ジュニア新書による）

＊明確な…はっきりしていてたしかな様子。
＊発揮…もっている力をあらわし出すこと。
＊意向…あるものごとに対しての個人の考え。
＊裕福…経済的にめぐまれていること。
＊貢献…他のために役にたつこと。
＊序列…順序、順位。

問1　――線①「この」が指し示す部分を文章中から二十五文字で探し、はじめとおわりの四文字をぬき出しなさい。

問2　[A]、[B]に当てはまる最も適当な言葉を一つずつ選び、記号で答えなさい。
ア　そして　イ　しかし　ウ　さて　エ　あるいは　オ　たとえば

問3　――線②「の」と同じ使い方のものを一つ選び、記号で答えなさい。
ア　友達のノートを借りる。　イ　今日は真冬のような寒さだ。
ウ　これは私の作った作品だ。　エ　これはあなたのですか。

問4　[あ]、[い]に当てはまる最も適当な言葉を文章中から探し、それぞれ漢字二文字でぬき出しなさい。

問5　――線③「望ましいものそのもの」とあるが、本文中においてこれと同じ意味で用いられている言葉を文章中から六文字でぬき出しなさい。

問6　次の(1)、(2)の文は、文章中の[ア]、[イ]、[ウ]、[エ]、[オ]のどこに入るのが最も適当か。一つずつ選び、記号で答えなさい。
(1)　うまくその職業に就けば、自分の才能を発揮し、社会にも貢献できるかもしれません。
(2)　あるいは親子や友人同士、学校や職場の仲間のあいだでよい人間関係を築くことが何より大事だと言う人もいるでしょう。

問7　この文章の内容について述べた次の文のうち、最も適当なものを一つ選び、記号で答えなさい。
ア　「生きがいとは何か」を考えたとき、人生の明確な目標をもっていることが大事であるが、それぞれが定める目標は最後にはほとんどの人が同じになると考えられる。
イ　人生において人間はもっているすべての目標を達成しようとするが、そういった欲ばりな考え方になってしまうことで、目標を達成することが難しくなる。
ウ　生きていくうえで、どの目標を達成することが大切か判断するには、目標の序列を考え、手段と目的の関係をたどっていくことが手がかりの一つになりうる。
エ　目標の手段と目的の関係をたどっていくと、人生において望ましいものがはっきり見えてくるため、目標にたどりつくための手段のみを考えなければならない。

問8　═線「そうです」とありますが、「そうです」をここでの意味と同じ意味でそのまま使い、二十文字以上三十文字以内で主語と述語のある一文を作りなさい。ただし、文章中にある「答えられそうです」という表現は使わないようにしなさい。

三　①から④の～線部の漢字はひらがなに、カタカナは漢字に直しなさい。（送りがなが必要な場合は、送りがなもつけること）⑤は三つの熟語となるように□に入る共通の漢字を答えなさい。

①　学問を志す。　②　話し合いがサイカイされる。　③　インソツの先生。
④　約束を破ったことを友達にアヤマル。　⑤　□頭・□角・市□

令和４年度　入学適性検査　第２時限　算数　問題用紙
（時間４５分）

1　次の計算をしましょう。

（１）$3\times4-6\div2$

（２）$\left(\frac{2}{3}-\frac{1}{4}\right)\div\frac{1}{24}$

2　次の図について，四角形ＡＢＣＤは平行四辺形で，三角形ＡＢＥは正三角形です。このとき，あの角の大きさは何度ですか。

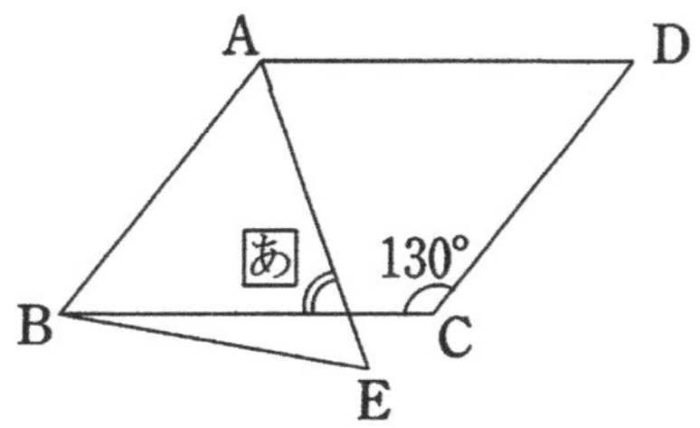

3　Ａさん，Ｂさん，Ｃさん，Ｄさんの４人で班（はん）を作りました。その中から班長と副班長をそれぞれ決めます。班長と副班長の決め方は，全部で何通りありますか。

4　次のグラフは，あるいれものに水を入れたときの時間x分と，水の深さ$y$cmの関係を表したものです。いれものの形は次のあ～えのどれになりますか。記号で答えましょう。

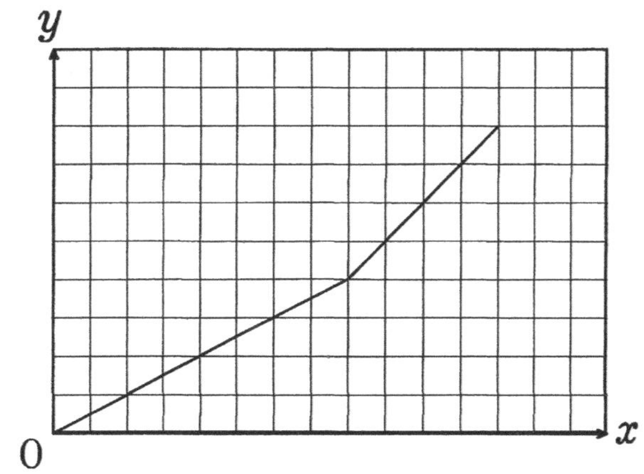

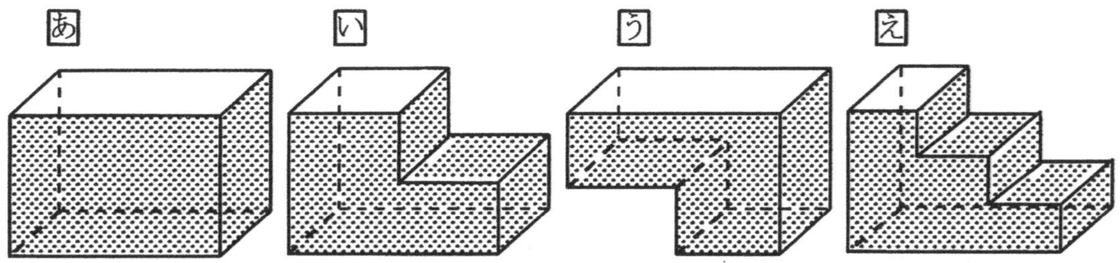

5　１から1000までの整数で，６でも15でもわり切れる数は何個ありますか。

6　Ａ，Ｂ，Ｃの３種類のおもりが１つずつあります。この中から２つずつ重さを量ると，それぞれ80ｇ，100ｇ，110ｇでした。このとき，１番重いおもりは何ｇになりますか。

2022(R4) 愛知教育大学附属名古屋中
教英出版　算4の1

7 あるクラスの36人に対して，登下校で電車やバスを利用している人数を調べるアンケートを行いました。その結果，「電車を利用している人」は24人で，「バスを利用している人」は13人でした。また，「どちらも利用していない人」は６人でした。このとき，「どちらも利用している人」は何人でしょうか。

8 あるボールは，落とすと，落とした高さの30％の高さまではね上がります。図のように，ある建物からこのボールを落とすと，２回目にはね上がった高さが90cmでした。このとき，建物の高さは何ｍですか。

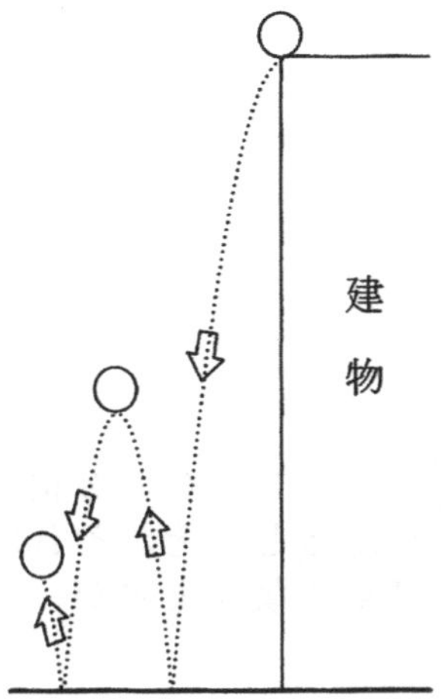

9 次のように，あるきまりにしたがって整数がならんでいます。

1，2，2，3，3，3，4，4，4，4，5，5，5，5，5，…

１つ目の100は，左から順に数えて何番目の整数ですか。

10 同じ大きさの立方体の積み木を何個か使って，水平なゆかの上に置いたり，重ねて積んだりして，立体を作りました。

上から見ても横から見ても，次の図と同じ形になるように立体を作ったとき，使った積み木の数が最も少なくなるのは，何個のときでしょうか。

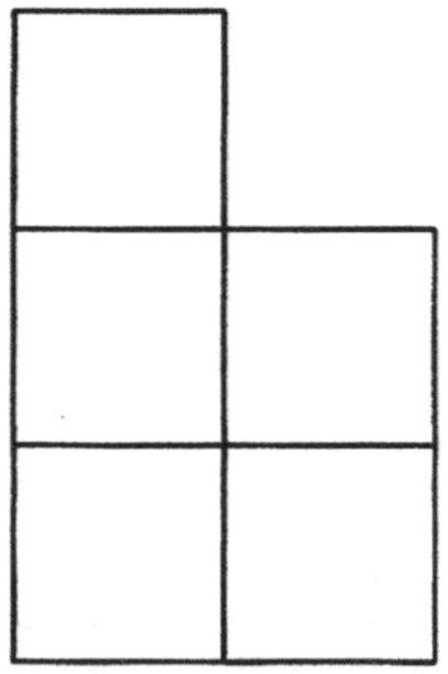

2022(R4) 愛知教育大学附属名古屋中
教英出版 算4の2

11　次の図は，たての長さが９cm，横の長さが４cmの長方形です。直線あの周りを１回転させてできる立体の体積と，直線いの周りを１回転させてできる立体の体積が等しいとき，ＡＥの長さは何cmになりますか。
　ただし，ＡＥの長さはＢＥの長さより長いものとします。
　また，円周率は3.14とします。

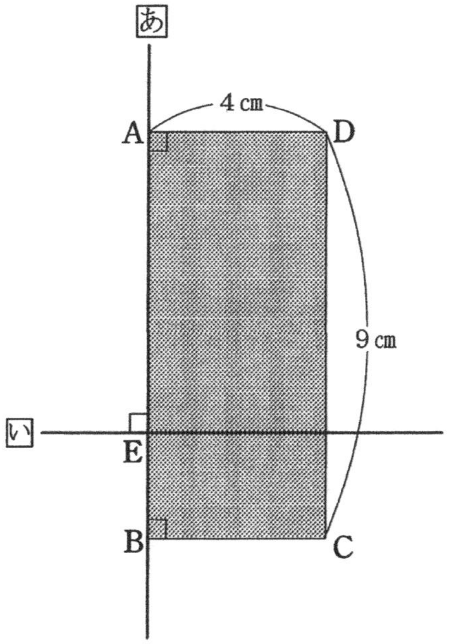

12　次の図は，四角形ＡＢＣＤと，その四角形におさまる最大の円を組み合わせたものです。三角形ＡＢＣと三角形ＡＤＣは合同で，ＡＣとＢＤは垂直に交わっています。また，ＡＣは円の中心を通っています。
　辺ＡＣの長さが14cm，辺ＢＤの長さが10cm，辺ＡＥの長さが５cm，辺ＧＣの長さが１cmのとき，色のついた部分の面積は何cm²になりますか。
　ただし，円周率は3.14とします。

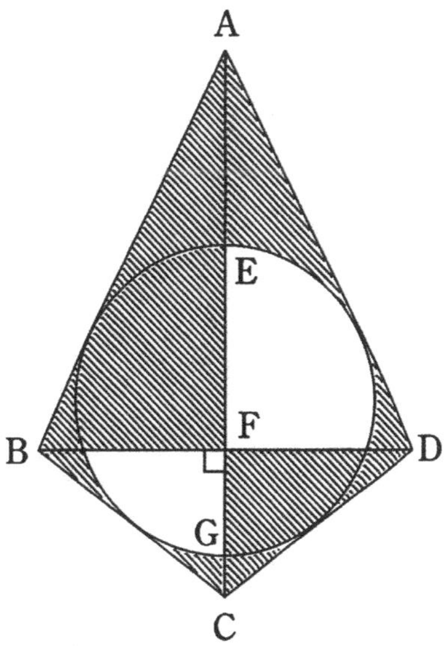

13　あるアイスクリーム屋について調べました。図１は，アイスクリームの売れた個数をぼうグラフに表したもので，図２は種類別のアイスクリームの売れた個数の割合を円グラフに表したものです。
　４～６月と７～９月を比べ，売れた個数が最も増えたのは，どの種類のアイスクリームですか。また，何個増えましたか。

図１　アイスクリームの売れた個数

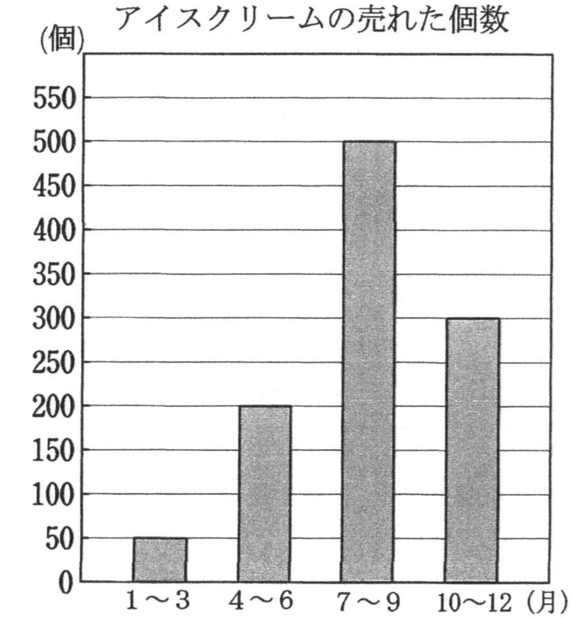

図２　種類別のアイスクリームの売れた個数の割合

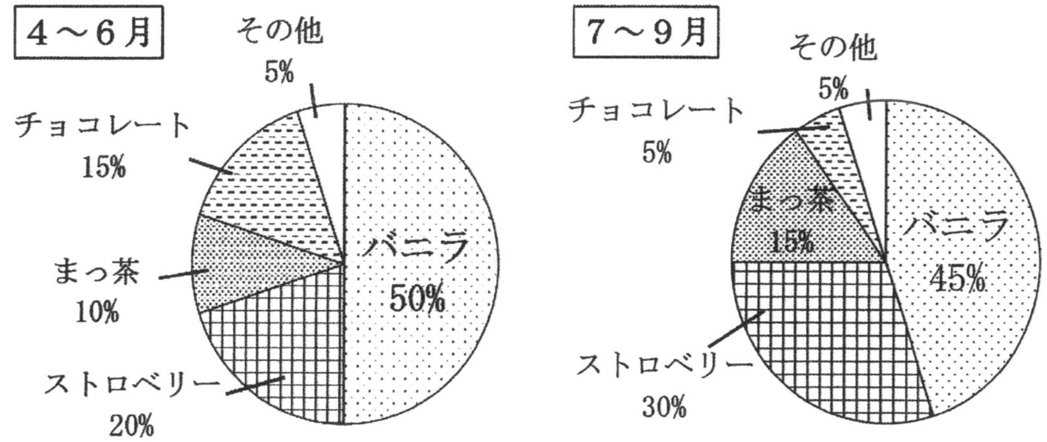

14 下の表は，月曜日から金曜日までの５日間に図書館で本を何さつ貸し出したのかを表したものです。

曜　日	月	火	水	木	金
貸し出した本の数（さつ）	28	27	24	29	26

Ａさんは，この５日間の貸し出した本の数の平均を次のように工夫（くふう）して求めました。

〈Ａさんの考え〉

(2＋3＋6＋1＋4) ÷ 5 ＝3.2

30－3.2＝26.8

５日間の貸し出した本の数の平均は26.8さつ

～～～～の式が何を表しているか，説明しましょう。

令和四年度　入学適性検査　第一時限　国語　解答用紙

一

問1

問2

問3

問4

問5

問6

問7

問8

問9

問10

二

問1

〜

問2

A

B

問3

問4

あ

い

問5

問6

(1)

(2)

問7

問8

20

30

三

①

す

②

③

④

⑤

受　検　番　号

備　考

（配点非公表）

令和４年度　入学適性検査　第２時限　算数　解答用紙

1 (1)

(2)

2

度

3

通り

4

5

個

6

g

7

人

8

m

9

番目

10

個

11

cm

12

cm^2

13

種類：

個数：　　　個増えた

14

受　検　番　号

備　考

（配点非公表）

愛知教育大学附属名古屋中学校

令和三年度　入学適性検査　第一時限　国語　問題用紙　（時間四十五分）

・＊印の言葉の説明は、各文章の後ろにあります。
・解答する際は、句読点（。と、）や、かぎかっこも文字数にふくめます。

一　次の文章は、引っ越してきたばかりの越の家族が、犬を飼うことを決め、動物保護センターに連絡をした後の場面である。文章を読んで、後の問いに答えなさい。

動物保護センターから連絡が来たのは、四月はじめの日曜日で、入学式の前の日だった。

ぼくの入学式とつぐみの始業式が重なったので、ぼくの入学式にはとうさんが出席し、つぐみにはかあさんがつきそったけど、両方とも午前中で終わるので、午後から子犬を引きとりにいくことにした。保護センターからのメールには、子犬を保護した＊いきさつや今の状態が説明されていた。

山菜を採りにたまたま山へ入った人が、山中の河原でぬれたまま①うずくまっていた子犬を見つけて保護センターへ電話したらしい。兄弟と思われるべつの子犬がそばで息たえていたという。

「この子はまだ息があったので保護して、あたためたり、あたたかいミルクをあげたりしたらなんとか元気になったんです。白い雑種犬で、体つきからするとおそらく中型犬だと思われます。メス犬です」

オス犬のほうが子どもを産まないからいいんじゃないか、と、とうさんはいったけど、メス犬のほうが断然飼いやすいわよ、とかあさんがとうさんの言葉に＊異をとなえた。

「あ、そうか。どっちみち、＊避妊手術をするんだしね」と、とうさんがうなずいたので、ぼくらはその白い②子犬を引きとりにいくことにした。

保護センターは＊甲府の北側の山道を少しのぼっていったところにあって、まわりは湿り気の多い杉林だった。杉花粉に鼻水をすすりながら、約束した三時の少し前に着いて、事務所のドアをノックすると、中から顔を見せたのは、肩幅の広いがっしりした体格のおじさんだった。

おじさんに案内されて、ぼくらはまず、奥の小部屋で「愛犬の正しい飼い方」というビデオを見せられた。犬を飼うにあたっての、予防接種などの決まりごとや、しつけの仕方や、フンの始末などのマナーについてのビデオだ。それから、「犬を飼う人へ」という＊冊子をもらい、いよいよ子犬に会わせてもらうことになった。家族で行動するときはいつもいちばん後ろから＊おずおずと遅れがちについてくるつぐみが、めずらしくぼくの前を歩いた。

子犬は、ケージの中のバスタオルの上で横たわって、すやすやと眠っていた。小さなおなかがかすかにふくらんで、黒い鼻がひくっと動き、おじさんが大きな手で背中をなでると、こげ茶色の目がぱちっと開いた。

「まだ生後一か月たつかどうかってとこですな。予定してもないのに生まれちまったんで川に流したんでしょうな」

子犬は顔を上げることなく、横目でぼくらをちらっと見た。かあさんが子犬をなでたのを見てつぐみも手をのばし、子犬のやわらかな毛なみに、いく度も手をすべらせた。

「わあ……」

つぐみの表情が、ぱっと明るくなる。

「かわいいな」

とうさんが［あ］を細くした。ぼくもつぐみのあとから子犬のしっぽを、ちょんとつついた。丸まったしっぽがすごくかわいかったから。

おじさんが子犬を抱き上げて、ほら、とぼくに手渡してくれた。子犬はちょっと体を固くしてバタつき、足でぼくの腕を何度か蹴ったけど、それは、③こそばゆいくらいの力だった。

たれた耳がやわらかくぼくの首にふれると体温が伝わってきて、思わずほおずりをしたくなる。つぐみにうらやましそうな視線をむけられて、ぼくはそっと子犬をつぐみの手に*ゆだねた。つぐみは④子犬の頭に何度もほっぺたをすりつけ、ぼくらはおじさんにお礼をいって、子犬が安心するように、バスタオルもいっしょに子犬を車へ運んだ。

引っ越しと同時に買いかえた青い*ワンボックスタイプの軽自動車の*ハッチを開け、買ったばかりのケージに子犬とバスタオルを入れると、子犬はくんくんとにおいをかぎまわり、それからお座りをして、丸い目を見開き、ぼくらの顔をはじめて見つめた。

「今日から家族だな」

とうさんは子犬にむかってそういって、ハッチのドアを閉めた。

帰り道、後ろの荷台が気になって仕方がないぼくとつぐみを見て、助手席のかあさんが、ちょっと［い］口調で話しはじめた。

「あのさ」

ぼくは、それでも子犬が気になって何秒かおきにふりかえり、背中でかあさんの声を聞いていた。

「ワンちゃんの名前なんだけど……ピコにしない？」

ぼくとつぐみは同時に⑤前をむいた。

「ピコ？　なんで？」

「クリームがいいよ。白くて［う］だもん」

つぐみがほっぺたをふくらませた。ぼくは、名前はあとでゆっくり考えようと思っていたし、とうさんはとうさんで、

「アサヒ、というのはどうかな」

なんて、やたら*古めかしい名前を*提案した。

「あのね……。じつは……」

かあさんが*意味深な表情でつづけた。

「越が三つで、つぐみがかあさんのおなかの中にいたとき、かあさん、つわりがひどくてね。あ、つわりって、わかるわよね。おなかに赤ちゃんがいるおかあさんが、具合悪くなって、ごはん食べられなくなっちゃったりする、あれよ。それで、生活が大変だからって*那須のおばあちゃんのところにいたときのことだけどね。車で田舎道を走っていたら、*フロントガラスに鳥がぶつかってきたの。降りてみたら鳥は、どうやら*脳しんとうを起こしてて、気絶しちゃってたの。そしたら越が、

鳥ちゃん死んじゃったの？　って泣いて泣いてね。どうしても連れて帰るっていうから、仕方なく連れて帰ったの。越がずっと抱いて、ごめんねごめんねって泣くから、⑥かあさんまで泣きたくなった。

　でもね、おばあちゃんの家に着いたら、鳥は動きはじめたの。ちょっとケガしたらしくて、しばらく飛べなかった。越は、それはそれは一生懸命お世話をしたのよ。そして、一週間ぐらいで、鳥は元気になった。鳥を山に連れていってお別れをいうまで、越は鳥かごにつきっきりだった。ピコちゃん、って名前をつけて一日中話しかけていたの。ピコちゃん、早く元気になってね、って。その鳥は、図鑑で調べたら、＊ツグミだったの。それで、とうさんにそのことを話したら、生まれてくる赤ちゃんは、つぐみって名前にしようってことになったの」

　はじめて聞く話だった。ぼくの名前の＊由来は聞いていたけれど、つぐみの由来については「かわいい鳥だから」くらいで、くわしいことは聞いていなかった。

「へえ。でも、どうしてその鳥の名前を犬につけるの？」

　ぼくはちょっと＊不服だった。

「うん。なんだかね、かあさん、越の、ピコちゃんって何度も話しかけていた声が、忘れられないの。とってもあたたかくて、鳥が元気になるのを心から願っているような、呼びかけをね。なんだか、またその声が聞きたくて……」

　つぐみは、自分の名前がついたいきさつを聞いて、うれしかったのかもしれない。

「いいよ。ピコちゃんで。女の子だし、私はピコちゃんでいいよ」

　とうさんまでが、

「そうだな。アサヒなんて、オス犬みたいかな」

なんていう。⑦仕方なく、ぼくも、

「じゃあ、いいよ。みんながいいなら」

というわけで、子犬の名前はピコになった。

（森島　いずみ『ずっと見つめていた』による）

＊いきさつ：物事がそこに至るまでの事情。　＊異をとなえる：ことなる意見を出す。
＊避妊手術：人の手によって子を産めないようにする手術。　＊甲府：山梨県の地名。　＊冊子：紙をとじて本のようにしたもの。
＊おずおずと：おそるおそる。　＊ゆだねる：すべてをささげる。　＊ワンボックスタイプ：車の種類で箱型のもの。
＊ハッチ：車の後部のとびら。　＊古めかしい：いかにも古く感じられる様子。　＊提案：ある考えを出すこと。
＊那須：栃木県の地名。　＊意味深：別の意味をふくんでいるような様子。　＊フロントガラス：車の正面ガラス。
＊脳しんとう：頭部を強く打ったときに起こる一時的な意識障害。　＊ツグミ：鳥の種類の名前。　＊由来：ある物事がはじまった理由。
＊不服：なっとくできなくて不満に思うこと。

問1　――線①「うずくまっていた」とあるが、「うずくまる」の意味として最も適当なものを一つ選び、記号で答えなさい。

ア　体を丸く小さくしてしゃがみこむ。　イ　ずきずきと傷が痛む。

ウ　すごい勢いで暴れ回る。　エ　何かがしたくて動き始める。

問2　――線②「子犬を引きとりにいく」とあるが、ぼくが子犬に会えることを楽しみにしていたことが表されている部分を文章中から二十文字で探し、はじめの五文字をぬき出しなさい。

問3　［あ］に当てはまる言葉として最も適当なものを文章中から漢字一文字でぬき出しなさい。

問4　――線③「こそばゆいくらいの力」が表していることとして最も適当なものを一つ選び、記号で答えなさい。

ア　体のこわばり　イ　体の小ささ　ウ　体温の高さ　エ　体のやわらかさ

問5　――線④「子犬の頭に何度もほっぺたをすりつけ」とあるが、同じようにつぐみが子犬にひきつけられている様子が具体的に表されている部分を文章中から二十四文字で探し、はじめの五文字をぬき出しなさい。

問6　［い］に当てはまる言葉として最も適当なものを一つ選び、記号で答えなさい。

ア　さわやかな　イ　早い　ウ　まじめな　エ　きびしい

問7　――線⑤「前をむいた」とあるが、ぼくが前をむいた理由として最も適当なものを一つ選び、記号で答えなさい。

ア　つぐみが考えた子犬の名前が良いと思っていることを伝えようとしたから。
イ　かあさんが、思いがけず子犬の名前の話題を出したことにおどろいたから。
ウ　子犬の名前を考えていた時に、かあさんが名前の話題を出してくれたから。
エ　かあさんが、ピコちゃんの思い出を覚えていてくれたことに感動したから。

問8　［う］に当てはまる言葉として最も適当なものを一つ選び、記号で答えなさい。

ア　べたべた　イ　ぴかぴか　ウ　もじゃもじゃ　エ　ふわふわ

問9　――線⑥「かあさんまで泣きたくなった」とあるが、このときのかあさんの気持ちとして最も適当なものを一つ選び、記号で答えなさい。

ア　鳥は気絶しただけであるとすぐに判断できず、越を泣かせてしまってくやしい。
イ　越が鳥やつわりで苦しむ自分にまで愛情を注げる人物であることがわかりうれしい。
ウ　鳥を傷つけてしまったことをもうしわけなく思っている越の姿に同情し悲しい。
エ　つわりで苦しい思いでいるにも関わらず、越にわかってもらえずさびしい。

問10　――線⑦「仕方なく」とあるが、ぼくが「仕方なく」と思った理由として、最も適当なものを一つ選び、記号で答えなさい。

ア　子犬に鳥と同じ名前をつけることに完全に賛成はできていないが、自分以外は気に入っているようなので家族の三人の意見に合わせようと思ったから。
イ　とうさんが子犬に変な名前をつけようとしたことに腹が立ったが、自分がつけた鳥の名前を子犬につけようとかあさんが言ってくれてうれしかったから。
ウ　他の名前をつけた方が良いのではないかと思ったが、子犬が目を見開いて喜んでいるので、子犬が喜ぶ名前が良いと判断したから。
エ　鳥の名前を子犬につける理由が理解できず、かあさんに聞き直したが、何度聞いても理解できず、あきらめてしまったから。

問11　この文章の内容や特ちょうを表した次の文のうち、最も適当なものを一つ選び、記号で答えなさい。

ア　とうさんはメス犬を飼うことに対して不安だったが、子犬に車で見つめられたときに安心して、子犬に声をかけた。
イ　つぐみは子犬を見たり、さわったりすることで、子犬を飼うことに対して少しずつわくわくする気持ちが高まっている。
ウ　子犬に関しての家族の行動や会話を通して、家族のそれぞれの思いや家族同士のつながりが表現されている。
エ　ぼくの目線から書かれていることで、ぼくが家族や子犬に対してどのような気持ちをいだいているかがくわしく表現されている。

二　次の文章を読んで、後の問いに答えなさい。

「ナンバー1しか生きられない」

じつは、生物の世界では、これが鉄則＊です。［ア］

理科の教科書には、①ナンバー1しか生きられないという法則を証明する「ガウゼの実験」と呼ばれる実験が紹介されています。

＊旧ソビエトの生態学者＊ゲオルギー・ガウゼは、ゾウリムシとヒメゾウリムシという二種類のゾウリムシを一つの水槽でいっしょに飼う実験を行いました。

するとどうでしょう。

最初のうちは、ゾウリムシもヒメゾウリムシも＊共存しながら増えていきますが、やがてゾウリムシは減少し始め、ついにはいなくなってしまいます。そして、最後には、ヒメゾウリムシだけが生き残ったのです。

二種類のゾウリムシは、エサや生存場所を奪い合い、ついにはどちらかが滅ぶまで競い合います。そのため、一つの水槽に二種類のゾウリムシが共存することはできないのです。

「ナンバー1しか生きられない」

これが自然界の厳しい鉄則なのです。［イ］

競争は水槽の中だけではありません。

自然界は、＊弱肉強食、激しい競争や争いが日々繰り広げられている世界です。＊あらゆる生き物がナンバー1の座を巡って、競い合い、争い合っているのです。

しかし、不思議なことがあります。［ウ］

自然界には、たくさんの生き物がいます。

もし、ナンバー1の生き物しか生き残れないとすれば、この世の中には、ナンバー1である一種類の生き物しか生き残れないことになります。それなのに、②どうして自然界には、たくさんの種類の生き物がいるのでしょうか。

ゾウリムシだけを見ても、自然界にはたくさんの種類のゾウリムシがいます。

もし、ガウゼの実験のようにナンバー1しか生きられないとすれば、水槽の中と同じように、自然界でも一種類のゾウリムシだけが生き残り、他のゾウリムシは滅んでしまうはずです。［A］、自然界にはたくさんの種類のゾウリムシがいます。

ア これは、どうしてなのでしょうか？

じつは、ガウゼが行った実験には、続きがあります。そして、この実験が大きなヒントとなるのです。

続きの実験では、ガウゼはゾウリムシの一種類を変えて、ゾウリムシとミドリゾウリムシという二種類で実験をしてみました。［エ］

驚くことに、どちらのゾウリムシも滅ぶこともなく、二種類のゾウリムシは、一つの水槽の中

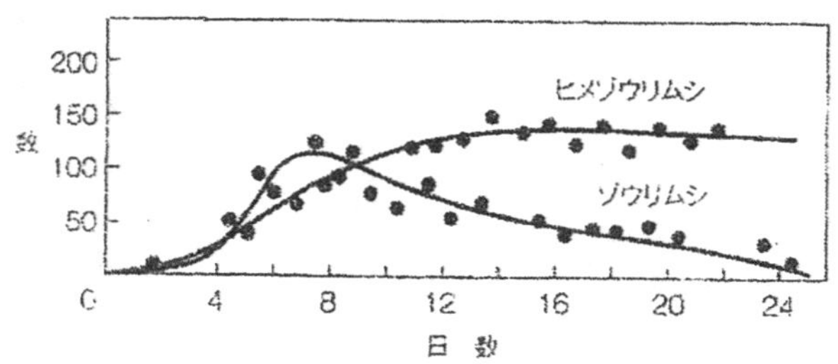

【グラフ①】

で共存をしたのです。

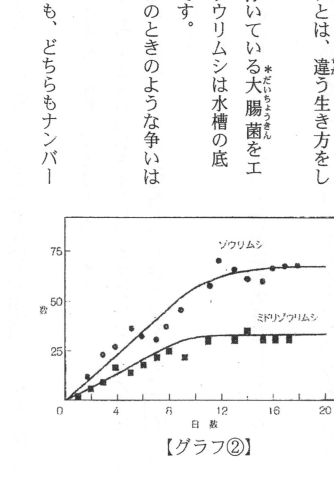

イこれはどういうことなのでしょうか。

じつは、ゾウリムシとミドリゾウリムシとは、違う生き方をしていました。

ゾウリムシは、水槽の上の方にいて、浮いている＊大腸菌をエサにしています。ウこれに対して、ミドリゾウリムシは水槽の底の方にいて、＊酵母菌をエサにしているのです。

そのため、ゾウリムシとヒメゾウリムシのときのような争いは起きなかったのです。オ

これは、間違いなく自然界の鉄則です。

しかし、ゾウリムシもミドリゾウリムシも、どちらもナンバー1の存在として生き残りました。

B、ゾウリムシは水槽の上の方でナンバー1、ミドリゾウリムシは水槽の底の方のナンバー1だったのです。

このように、同じ水槽の中でも、ナンバー1を分け合うことができれば、競い合うこともなく共存することができます。生物学では、エこれを「棲み分け」と呼んでいます。

自然界には、たくさんの生き物が暮らしています。

つまり、すべての生き物は棲み分けをしながら、ナンバー1を分け合っています。

そのように、自然界に生きる生き物は、すべての生き物がナンバー1なのです。

自然界には、わかっているだけで一七五万種の生物が生存していると言われているのですから、少なくとも一七五万通りのナンバー1があるということになります。

ナンバー1になる方法はいくらでもあるということなのです。

（稲垣　栄洋『はずれ者が進化をつくる』ちくまプリマー新書による）

＊鉄則：変えることのできない規則。　＊旧ソビエト：ソビエト社会主義共和国連邦の略。現在は存在しない国名。

＊生態学：生き物の集団の生活などを研究する学問。　＊共存：複数の異なったものが同時に存在すること。

＊弱肉強食：弱い者が強い者のえじきとなること。　＊あらゆる：すべての。　＊大腸菌・酵母菌：菌類の一つ。

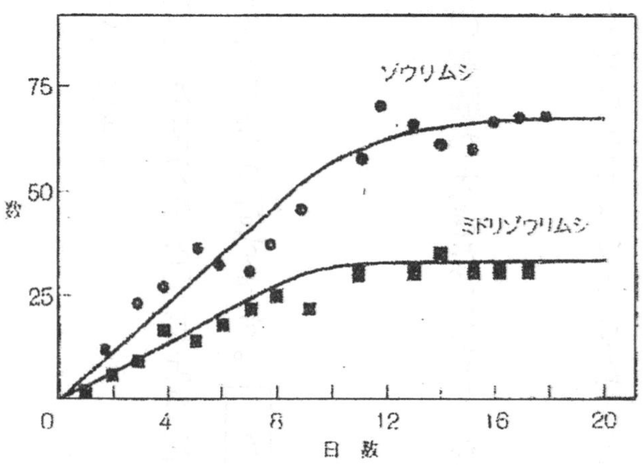

【グラフ②】

問1　――線①「られ」と同じ使い方のものを一つ選び、記号で答えなさい。

ア　プールで友達に水をかけられる。　イ　校長先生があの日のことを語られる。

ウ　失敗を多くの人に見られる。　エ　彼はこの文をすぐに覚えられる。

問2　――線②「どうして自然界には、たくさんの種類の生き物がいるのでしょうか」とあるが、その答えとして適当な部分を「いるから」につながる形で、文章中から二十九文字で探し、はじめとおわりの三文字をぬき出しなさい。

問3　A、B に当てはまる最も適当な言葉を一つずつ選び、記号で答えなさい。

ア　だから　イ　つまり　ウ　さて　エ　しかし　オ　さらに

問4　次の①、②の文は、文章中のア、イ、ウ、エ、オのどこに入るのが最も適当か。一つずつ選び、記号で答えなさい。

①　すると、どうでしょう。

②　「ナンバー1しか生きられない」

問5 ――線ア〜エ「これ」の中から、次の①、②と同じ内容を指しているものを一つずつ選び、記号で答えなさい。

① ゾウリムシが水槽の上の方にいて、大腸菌をエサにしていること

② 二種類のゾウリムシが共存していたこと

問6 グラフとこの文章について述べた次の文のうち、適当なものを二つ選び、記号で答えなさい。

ア グラフ①から、6日目までにゾウリムシとヒメゾウリムシの数の多さが入れかわっており、二種類のゾウリムシが最初のうちから競い合っていることが分かる。

イ グラフ①から、ゾウリムシはいなくなりはしないものの減少しており、ヒメゾウリムシが数の多さを生かして、ゾウリムシのエサなどを奪っていることが分かる。

ウ グラフ②から、ゾウリムシはミドリゾウリムシよりも数が多く、ミドリゾウリムシよりもゾウリムシの方が水槽の中では生き残りやすいことが分かる。

エ グラフ②から、ゾウリムシとミドリゾウリムシはどちらも数が大きく減ることはなく、ゾウリムシとミドリゾウリムシの間で競い合っていないことが分かる。

オ グラフ①とグラフ②から、共存できた場合とできなかった場合とが表され、同じゾウリムシでも棲み分けをしなければ生きられないことが分かる。

カ グラフ①とグラフ②から、同じゾウリムシであってもどちらかが滅びるまで競い合うことが表され、ナンバー1しか生きられない自然界の厳しさが分かる。

問7 ═線「しか」とありますが、「しか」をここでの意味と同じ意味でそのまま使い、二十文字以上三十文字以内で主語と述語のある一文を作りなさい。ただし、「ナンバー1しか生きられない」という表現は使わないようにしなさい。

三 ①から④の〜線部のカタカナは漢字に直しなさい。（送りがなが必要な場合は、送りがなもつけること）⑤は三つの熟語（じゅくご）となるように□に入る共通の漢字を答えなさい。

① エサにサルが群がる。　② 野球選手のコウエンを聞く。　③ 家と学校をオウフクする。

④ 畑をタガヤス。　⑤ 付□・□道・最□

令和３年度　入学適性検査　第２時限　算数　問題用紙
（時間４５分）

1　次の計算をしましょう。

（1）　$12-2\times5$

（2）　$(30-12)\times\left(\frac{1}{2}+\frac{1}{3}\right)$

2　□にあてはまる数をかきましょう。

25：□＝20：24

3　次の図は，底面が直角三角形の三角柱です。
体積は何㎤ですか。

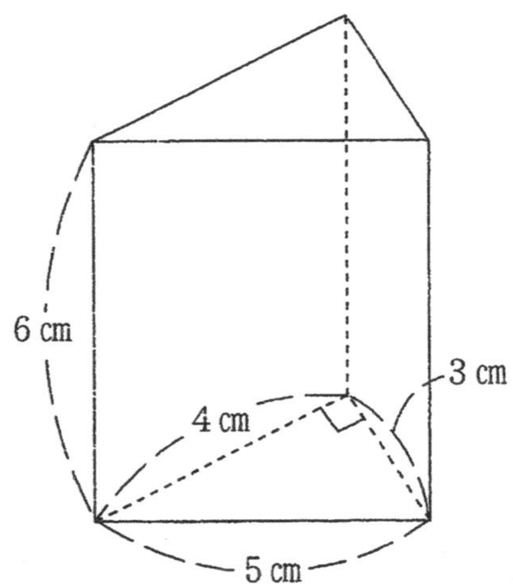

4　次の表は，同じ速さで走る電車の走った時間 x 分と道のり y kmの関係を表したものです。この電車は２時間で何km走れますか。

時間　x（分）	20	30	40	50
道のり　y（km）	18	27	36	45

5　次の表は，あるチームの４×100mリレーの記録と，各走者の100m走の最高記録を表しています。このチームは，平均すると１回のバトンパスで何秒記録を短くすることができているといえますか。

リレーの記録（秒）	第１走者の最高記録（秒）	第２走者の最高記録（秒）	第３走者の最高記録（秒）	第４走者の最高記録（秒）
52.3	13.9	14.3	14.7	14.2

6　次の図のように，同じ大きさの立方体の積み木を積み上げていきます。
５段（だん）積み上げたとき，積み木は全部で何個になりますか。

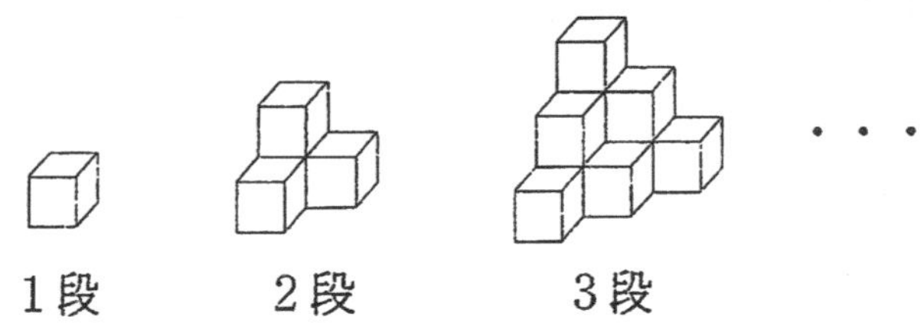

7　次のグラフは，１番好きな教科についてＮ町の小学６年生に行ったアンケートの結果を表したものです。算数が１番好きと答えた人数は256人でした。アンケートに答えたのは何人ですか。

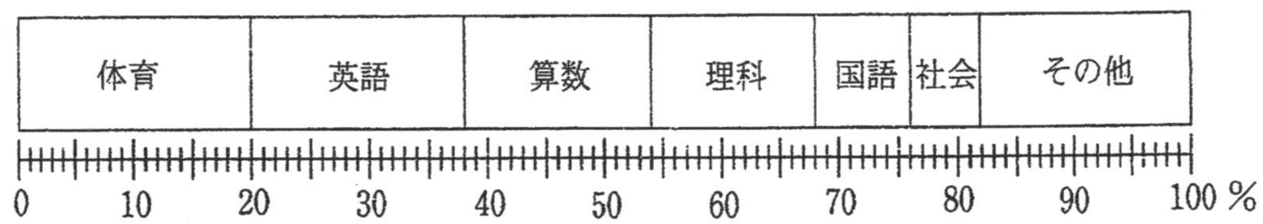

8　次の６つの展開図を組み立てたとき，立方体にならないものはどれですか。すべて選び，あ～かで答えましょう。

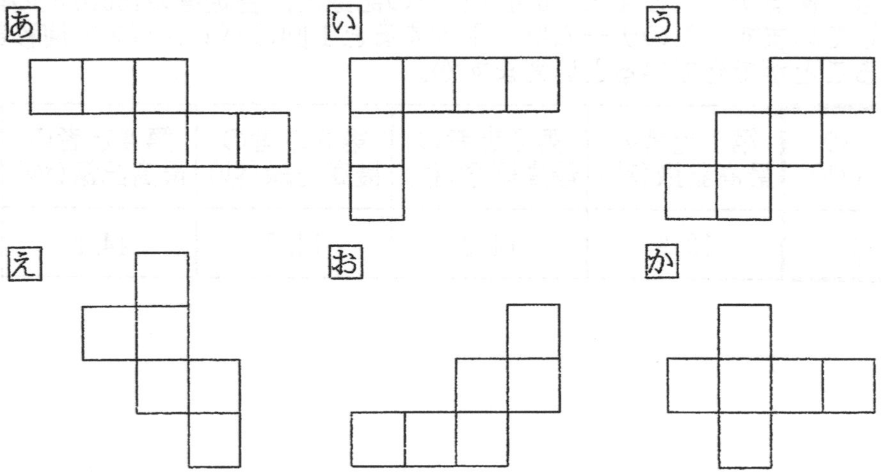

9　あるプールをいっぱいにするのに，Ａの管を１本使うと30時間かかり，Ｂの管を１本使うと20時間かかります。Ａの管を２本とＢの管を４本同時に使って水を入れると，何時間何分でいっぱいにすることができますか。

10　次の図で，三角形ＡＢＣと三角形ＤＢＥは合同です。このとき角あの大きさは何度ですか。

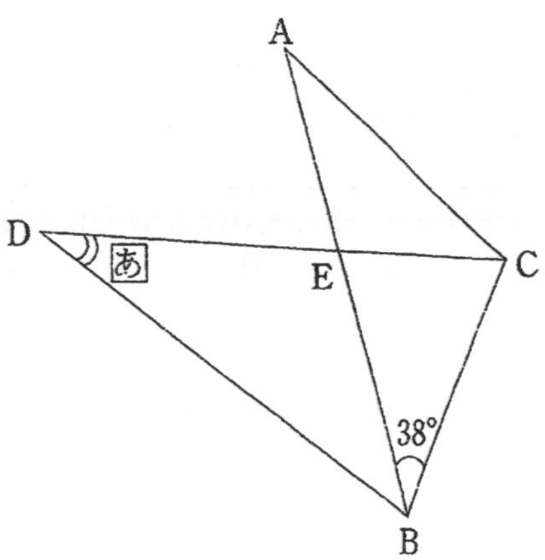

11　Ａ，Ｂ，Ｃ，Ｄ，Ｅの５人で，プレゼントの交換を行いました。交換を行った後，５人はプレゼントについて次のように話しています。

Ａ「私の受け取ったプレゼントは，Ｄからのものではなかったよ」
Ｂ「私の受け取ったプレゼントも，Ｄからのものではなかったよ」
Ｃ「私は，ＡかＢのどちらかのプレゼントを受け取ったよ」
Ｄ「私は，ＡかＥのどちらかのプレゼントを受け取ったよ」
Ｅ「みんな，自分のプレゼントを受け取らなくてよかったね」

後から調べると，どの２人も，２人だけでプレゼントを交換しあうことはありませんでした。

（1）Ｅはだれからのプレゼントを受け取りましたか。

（2）Ａはだれからのプレゼントを受け取りましたか。

12　$\frac{8}{5}$をかけても，$\frac{12}{7}$をかけても整数になる分数の中で，１番小さい分数はいくつですか。

13　次の図は，辺ＡＢと辺ＢＣの長さが等しい直角二等辺三角形と円の一部を組み合わせたものです。色をつけた部分の面積は何㎠ですか。ただし，円周率は3.14とします。

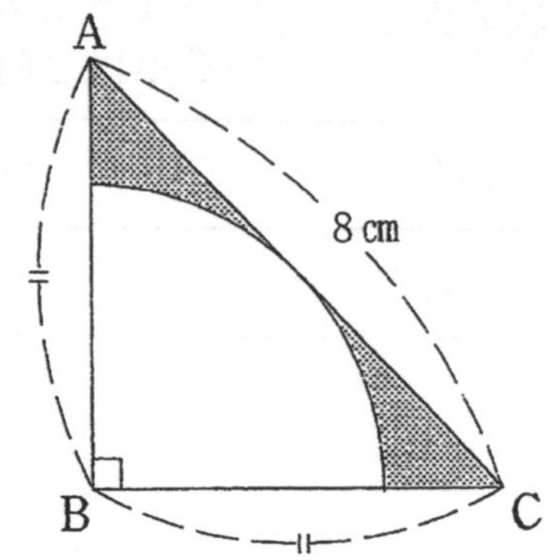

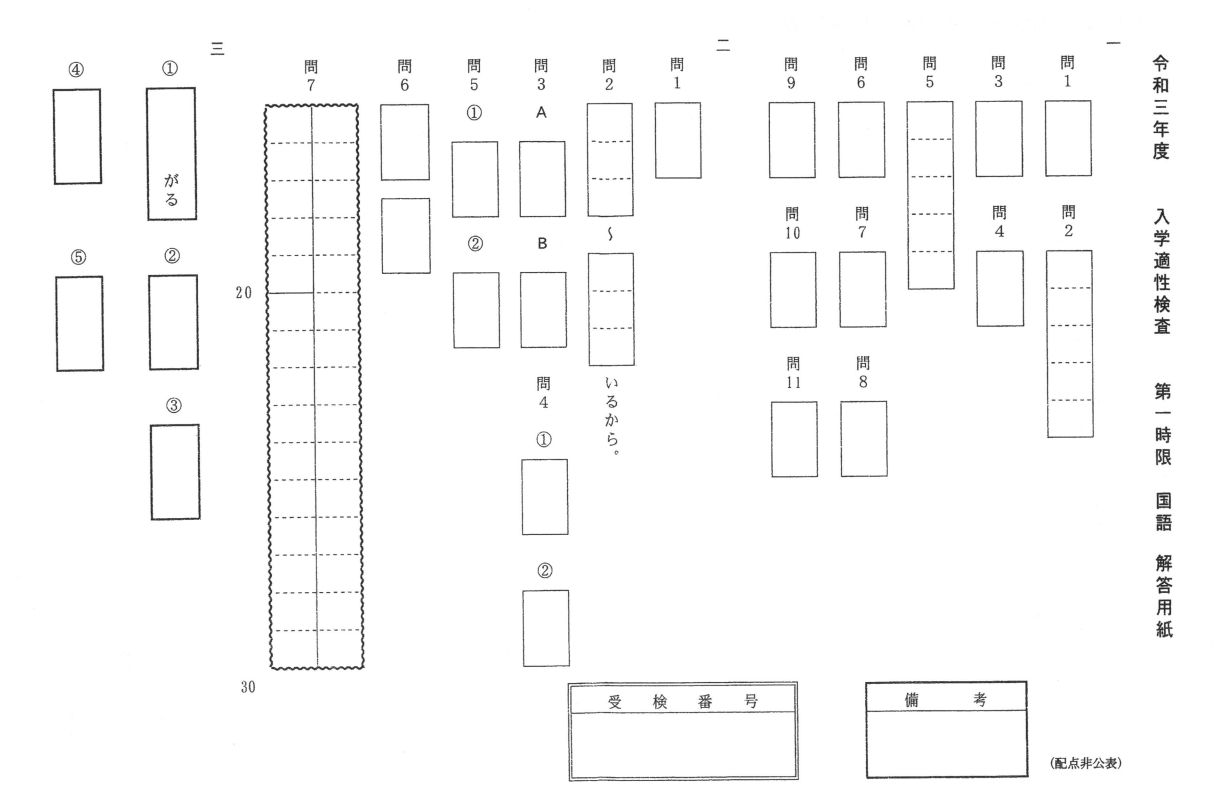

令和三年度　入学適性検査　第一時限　国語　解答用紙

一

問1

問2

問3

問4

問5

問6

問7

問8

問9

問10

問11

二

問1

問2

〜

いるから。

問3

A

B

問4

①

②

問5

①

②

問6

問7

20

30

三

①

がる

②

③

④

⑤

受検番号

備考

(配点非公表)

令和３年度　入学適性検査　第２時限　算数　解答用紙

1 （1）

（2）

2

3

cm³

4

km

5

秒

6

個

7

人

8

9

時間　　分

10

度

11 （1）

（2）

12

13

cm²

（配点非公表）

受　検　番　号

備　考

愛知教育大学附属名古屋中学校

令和二年度　第一次選抜〈適性検査〉　第一時限　国語　問題用紙　（時間四十五分）

一　次の文章は、サッカークラブのキャプテンだった周斗が、コーチから、入団したばかりの大地にキャプテンをかえると告げられた直後の場面である。文章を読んで、後の問いに答えなさい。

【＊印の言葉の説明は、本文の後ろにあります】

【解答する際は、句読点（。と、）や、かぎかっこも文字数にふくめます】

「……じゃ、始め！」

柴山コーチがパンと両手を打った。選手たちが、わっとはじけた。途中から話を全く聞いていなかった周斗は、遅れて立ち上がると首を左右に細かく振った。

「今日は＊パス練からだって」

後ろから声をかけられて振り向くと、大地が立っていた。

「お、おぅ」

思わず目をそらせた。今日、一番組みたくない相手なのに、完全に出遅れてしまって、みんなもうペアを組んでパス練習を始めていた。周斗がなかなか動かないので、大地はその場で＊リフティングを始めた。

ときおり、＊ヘディングをまぜたり、胸で＊トラップしたりしても、ボールが地面に落ちる気配はまるでなかった。きっと止めようと思うまで、何千回でも続けられるのだろう。

「おい、大地と周斗」

柴山コーチが近寄って来た。大地はボールを少し高めに蹴って、両手でキャッチした。

「お前らふたりはこのチームの要だ。＊ミッドフィルダーの大地と＊フォワードの周斗で攻撃の＊基盤を作ってくれ。がんがんいってくれよ。期待しているぞ」

「ハイッ」

①<u>大地の声だけが響いた</u>。催促するかのように、柴山コーチが周斗の方にあごを突き出した。周斗は仕方なく、返事の代わりに小さくうなずいた。

「そうだ、周斗。＊キャプテンマーク、あとで大地にわたしといてくれ」

柴山コーチは周斗の浮かない様子など、全く意に＊介することなく事務的に伝えると、その場を離れた。

「そろそろ、やろうよ」

大地は片手でボールを胸に抱え込んだ。動き出さない周斗に②<u>しびれを切らした</u>のだろうが、口調はいたって穏やかだ。涼しげな目元はぴくりとも動かない。

もし逆だったら、周斗だったら、顔にも口調にも態度にも全てにイライラを出して「早くしろ」と＊せっついていたに違いない。

「その前にわたしとく」

「何を？」

大地が首を少し傾けた。

ざーとらしいんだよ。

心の中で毒づきながら、リュックの置いてあるベンチに大股で近づいた。後ろから大地がついて来ているのが分かる。

リュックの内ポケットにしまっておいたキャプテンマークを取り出した。黄色いキャプテンマークは、いつもと変わらず鮮やかだった。

こないだの試合のときまで、左腕に当たり前のようにはめていたキャプテンマーク。まさかこれを人に手わたすときが来るとはつゆほども思わなかった。

③実は昨夜、こっそり部屋ではめた。そんなことは誰も*知るよしもない。

手わたすのに一瞬*躊躇したが、*未練がましく思われたくない。周斗は大地に向かって突きだした。

「あ、ありがと。帰りのときで良かったのに」

そう言いながら大地は、自然と上がってきてしまう*口角を必死で抑えている。クールな［あ］もふっと緩んだ。それを見た瞬間、怒りが*猛然と腹の奥から這い上がってきた。

大地に対して怒る筋合いがまるで無いのは、*理性では分かっている。だけど、この*マグマのように*噴出してくるどろどろとした熱い感情は、悔しさというより、説明のつかない怒りだった。

「早くパス練やろうぜ」

今度は周斗がせっついた。*理不尽にも怒った口調になった。それなのに大地は、

「ごめん、ちょっと待って」

と、キャプテンマークを名残惜しそうに眺めると、やっと自分のリュックに丁寧にしまった。リュックのファスナーが閉められると、周斗の胸もファスナーに挟まれたみたいに、［い］。

他のメンバーがとっくにパス練を始めていたので、周斗と大地はコートの端の方まで行かなくてはいけなかった。柴山コーチがちらちら見ていたので、小走りで向かった。

「シュウトってどういう字？」

大地が*唐突に聞いてきた。

「えっ？」

眉間にしわが寄った。

「シュウトって、シュー――トじゃん。かっこいいよね」

「そっかな」

④ぶっきらぼうな返事にも、大地はめげずに繰り返した。

「で、どういう字？」

「円周率の周に北斗七星の斗」

いつも漢字を説明するときに使う決まり文句を、⑤早口言葉みたいに猛スピードで言った。

「ええっと、円周率の周に……」

頭の中で文字をなぞりだした大地の思考を切るように、周斗は斜めにあごを*しゃくって、*逆サイ

ドに行くよう*うながした。大地はあわてて反対側に駆けだした。みんなは短いパスから*ロングパスの練習に移っていた。

大地が定位置についてこちらを振り向く前に、周斗はボールを蹴り出した。しかも正面ではなくボールは［う］。半分わざとだった。

大地は振り向きざま、すでにボールが蹴られていたことに少し驚いた様子だったが、すぐに反応してダッシュした。あっという間にボールに回り込むと、*ダイレクトに蹴り返した。⑥芯をとらえたキレのいいボールが返ってきた。

周斗は*微動だにしなかった。大地の蹴ったボールは少しもぶれることなく、驚くべき正確さで周斗のもとに返ってきたのだ。

んっ、と息を呑む音が自分の内側で聞こえた。

思い返せば、大地とペアを組んだのは、今日が初めてだった。

今のは、まぐれだよな。

*動揺してボールをしばらく止めてしまった。周斗は*慎重に大地の正面を狙って打ち込んだ。今度は大地も横に一、二歩ずれるくらいだった。それを大地は、またダイレクトに返してきた。

このボールも周斗の真正面だった。胸がドクンとした。周斗もダイレクトで蹴り返してみたが、焦ったのか芯でとらえることが出来ず、ボテボテの情けないボールが転がった。

ゆるいボールに突っ込むように走ってきた大地は、ビシッと勢いをつけて蹴り出した。周斗はトラップに失敗し、ボールは右後ろに大きく跳ねた。周斗のミスなのに大地は、

「ゴメン」

と、片手を上げた。

あやまんなよ！

頭の皮がちりちりした。

何度繰り返しても、大地が蹴り出す全てのボールは、完璧にコントロールされていた。寒くもないのに、⑦背中がすうすうした。

（佐藤いつ子『キャプテンマークと銭湯と』ＫＡＤＯＫＡＷＡによる）

*パス練…パス練習。　*リフティング…足、頭、肩など体の一部を使って、サッカーボールを落とさないようにはずませ続けること。
*ヘディング…サッカーで、頭でボールを受けること。
*トラップ…サッカーで、パスされたボールをコントロールするためにボールを体の一部を使って止めること。
*ミッドフィルダー…サッカーのポジション。攻撃にも守備にも参加することが多い。
*フォワード…サッカーのポジション。主に相手のゴール前で攻撃に参加する。　*基盤…物事が成り立つための土台。
*キャプテンマーク…サッカーで、キャプテンが腕にはめる腕章のこと。　*意に介す…気にかける。
*せっつく…しきりに催促する。　*知るよしもない…知るための方法がない。　*躊躇…あれこれと迷って決心がつかないこと。
*未練がましい…いかにもあきらめが悪いさま。　*口角…口の両わき。
*猛然…勢いのはげしいさま。　*理性…道理にしたがって判断したり行動したりする能力。
*マグマ…地下深くに存在する、さまざまな鉱物が地熱でどろどろに溶けたもの。　*噴出…勢いよくふき出ること。
*理不尽…道理に合わないこと。　*唐突…前ぶれもなく突然物事を始めること。
*しゃくる…頭を後ろに引いて、下あごを軽く突きだすように上げる。　*逆サイド…サッカーのコートで自分のいる場所の反対側。
*うながす…ことが早く運ぶように相手をせき立てる。　*ロングパス…長い距離のパスのこと。　*ダイレクト…直接であるさま。
*微動だにしない…少しも動かないこと。　*動揺…気持ちなどが不安定になること。
*慎重…物事を行うにあたって軽はずみな態度をとらず、注意深いこと。

問1　――線①「大地の声だけが響いた」とあるが、周斗が返事をしなかった理由として最も適当なものを一つ選び、記号で答えなさい。

ア　柴山コーチが周斗の浮かない様子に気づかずにキャプテンマークをわたすよう伝えたから。
イ　柴山コーチがチームの攻撃の中心は大地だけだとはっきりと周斗に伝えたから。
ウ　自分ではなく大地がキャプテンに選ばれたことに気持ちの整理ができていなかったから。
エ　大地がボールを少し高めに蹴って、両手でキャッチした態度が気に入らなかったから。

問2　――線②「しびれを切らした」とあるが、「しびれを切らす」の意味として最も適当なものを一つ選び、記号で答えなさい。

ア　怒りがおさまる　　イ　ばかにする　　ウ　疲れがたまる　　エ　待ちくたびれる

問3　――線③「実は昨夜、こっそり部屋ではめた」とあるが、周斗がキャプテンマークをはめた理由として最も適当なものを一つ選び、記号で答えなさい。

ア　自分以外の誰かがキャプテンになるかもしれないとうすうす感じていたから。
イ　自分よりキャプテンにふさわしいものはいないという強い思いがあったから。
ウ　もう二度とキャプテンマークをはめることはないとあきらめていたから。
エ　キャプテンマークを一度もはめずに他人にわたすのは残念だと思ったから。

問4　**あ** に当てはまる言葉として最も適当なものを文章中から二文字でぬき出しなさい。

問5　**い** に当てはまる言葉として最も適当なものを一つ選び、記号で答えなさい。

ア　しくっと痛んだ　　イ　ざわっとさわいだ
ウ　ぱかっと開いた　　エ　ぴくっと動いた

問6　――線④「ぶっきらぼうな」の意味として最も適当なものを一つ選び、記号で答えなさい。

ア　はっきりしない　　イ　怒りのこもった　　ウ　悲しみにあふれた　　エ　愛想がない

問7　――線⑤「早口言葉みたいに猛スピードで言った」とあるが、このときの周斗の気持ちとして最も適当なものを一つ選び、記号で答えなさい。

ア　自分の名前をばかにされているようで腹立たしい。
イ　イライラの原因である相手とそんなに話したくない。
ウ　柴山コーチが見ているのでむだ話をせずに早く練習したい。
エ　新たにキャプテンになった大地の高い技術を早く見たい。

問8　**う** に当てはまる言葉として最も適当なものを一つ選び、記号で答えなさい。

ア　ほとんど飛ばなかった　　イ　風に流された
ウ　派手にずれていた　　エ　まっすぐ飛んでいった

問9　――線⑥「芯をとらえたキレのいいボールが返ってきた」とあるが、同じようにダイレクトで蹴り返した周斗のボールの様子が具体的に表されている部分を十七文字で探し、はじめの五文字をぬき出しなさい。

問10　――線⑦「背中がすうすうした」理由として、適当でないものを一つ選び、記号で答えなさい。

ア　大地の蹴るボールがあまりに正確でおどろいたから。
イ　大地がイライラする自分に対してやさしく接するから。
ウ　自分よりも大地の方がうまいことに改めて気づいたから。
エ　自分の蹴ったボールがうまく大地の正面に返ったから。

問11　この文章の内容や特ちょうを表した次の文のうち、最も適当なものを一つ選び、記号で答えなさい。

ア　周斗は大地とのパス練習で、抑えきれない怒りを込めてボールを蹴ったので、大地はうまく蹴り返すことができなかった。
イ　周斗は大地に対してはじめはイライラをかくせなかったが、大地の高い技術に感動し、キャプテンをゆずることになっとくした。
ウ　たとえを用いて周斗の気持ちを表すことで、キャプテンをかえられたことを受け入れきれない複雑な感情を表現している。
エ　一文を長くし、周斗が心の中で思っていることを細かく表すことで、周斗の複雑な心の動きをくわしく表現している。

二　次の文章を読んで、後の問いに答えなさい。【＊印の言葉の説明は、本文の後ろにあります】
【解答する際は、句読点（。と、）や、かぎかっこも文字数にふくめます】

不便なやり方は、やっていることを「 あ 」にするものが多いです。

京都にある＊大手の＊総合メーカーで、「あれはどうなった」ボタンをつけたところがあるそうです。それまで、このメーカーの＊基幹＊システムは、自動的に＊レポートを発行する＊便利機能を持ち、＊マネージャーは、このレポートを見ればおよその＊業務状況が＊把握できた①そうです。 ア ところが、このシステムを＊リニューアルする時、社長はせっかくの②この便利機能を外させました。新しい基幹システムでは、マネージャーからの＊操作がない限り、予算や＊実績などの情報が見れなくなりました。システムがなかった頃に、「あれはどうなった」と聞かねば部下から報告が上がってこないような状態です。 イ

にもかかわらず、これでマネージャーの＊主体的な姿勢が自然に引き出され、マネージャーの＊力量が上がったそうです。 ウ それまで部下に任せきりにできていた仕事の部分が、自分ゴトになったのでしょう。 A 、部下のほうにも、自分がシステムに入力した報告をマネージャーが見に行ったことが知らされる機能がつけば、「マネージャーが気にしてる重要な仕事を任されてる」感が生まれて、もっとうまくゆくような気がします。 エ

自分ゴトの例として挙げられるものの一つに、「シェアードスペース」という実験があります。これは、オランダ・ベルギー・ドイツ・デンマーク・イギリスなど欧州各国で、２００４年から２００８年にかけて＊実施された実験です。実験＊スペースに指定された道路では、信号機も標識も路面表示も＊撤去されました。実験が始まる前は、道路の安全を担うのは＊行政であり い そのものでした。それがその道路の利用者（ドライバーや歩行者）に全て＊委ねられたのです。

自分で気をつけなければならないとは、一般には手間です。しかし、安全を担うコトが自分ゴトになりました。結果として、車の走行速度が低下し、負傷者の出る事故は減りました。今でも、フランスのナントでは市の中心に信号機などの＊安全装置がないところがあり、事故や＊渋滞が＊削減されているそうです。

安全と安心は、よく並べられますが、この二つは別物です。 B 別々の名前が与えられています。安心してしまうと、 う ではなくなることがあります。それどころか、安全と安心は＊相容れないという人もいます。

＊リスクホメオスタシスという考えがあります。自然界の＊恒常性維持（ホメオスタシス）という機能が、人の心理にも働くという考えです。確かに、安全だと感じる（安心する）とちょっと冒険的なことをしてみたくなり、危険だと感じる（安心していない）と安全な行動をとりたくなるのは、自分でも思い当たります。外側の安全装置を外されると、③安全を担うことが、自分（内側）ゴトになるようです。

（川上　浩司『不便益のススメ』岩波ジュニア新書による）

＊大手…大きな会社。　＊メーカー…製造業を営む会社。　＊基幹…物事のおおもととなるもの。
＊システム…コンピューターなどで、情報をさばくための仕組み。またその装置。　＊レポート…報告書。
＊機能…ある物事に備わっている働き。　＊マネージャー…取り仕切る人。
＊業務状況…職業として日常続けて行われる仕事のそのときの様子。　＊把握…あることがらをしっかりと理解すること。
＊リニューアル…新しくすること。　＊操作…機械などをあやつり動かすこと。　＊実績…それまでに残してきた成績や功績。
＊主体的…自分の意志や判断によって行動するさま。　＊力量…人の能力の大きさ。　＊実施…予定されていたことを実際に行うこと。
＊スペース…空間。　＊撤去…とりのぞくこと。　＊行政…国や都道府県、市町村などが法りつなどにもとづいて行う仕事。
＊委ねられた…判断などをすっかりまかせられること。　＊装置…ある目的のために備えつけられた機械・器具など。
＊渋滞…車がつかえて進まないこと。　＊削減…けずってへらすこと。　＊相容れない…互い受け入れない。　＊リスク…危険。
＊恒常性維持…生きているものが、かんきょうにかかわらずその機能を一定に保とうとすること。

問1　[あ]～[う]に当てはまる最も適当な言葉を[あ]は四文字、[い]、[う]は漢字二文字でぬき出しなさい。

問2　――線①「そうです」と同じ使い方のものを一つ選び、記号で答えなさい。

ア　明日には雨があがりそうです。　イ　「はい、そうです。」と元気よく答えた。
ウ　この先は行き止まりだそうです。　エ　強い風でろうそくの火が消えそうです。

問3　――線②「この」が指し示す部分を文章中から十三文字で探し、はじめの三字をぬき出しなさい。

問4　[A]、[B]に当てはまる最も適当な言葉を一つずつ選び、記号で答えなさい。

ア　さて　イ　だから　ウ　さらに　エ　しかし

問5　――線③「安全を担うことが、自分（内側）ゴトになる」とあるが、同じ内容を示している部分を文章中から十五文字で探し、はじめの五文字をぬき出しなさい。

問6　次の文は、文章中の[ア]、[イ]、[ウ]、[エ]のどこに入るのが最も適当か。一つ選び記号で答えなさい。

前のシステムよりも一手間多くなって、不便になっています。

問7　この文章の内容について述べた次の文のうち、適当でないものを一つ選び、記号で答えなさい。

ア　京都の大手の総合メーカーでは、「重要な仕事を任されてる」感を出すための機能をつけたことで、部下が仕事を自分ゴトと思うようになった。
イ　京都の大手の総合メーカーでは、前の便利な基幹システムから、不便な新しいものに変えたことによって、マネージャーの力量が向上した。
ウ　「シェアードスペース」という実験では、信号機などの道路の安全装置を撤去することで、道路の安全を担うことを全て利用者に委ねた。
エ　人は、安心できないと感じると危険な行動はとらず、安心であると感じると、少し安全でない行動をとりたくなるという考えに筆者は共感している。

問8　══線「いる」とありますが、「いる」をここでの意味と同じ意味でそのままつかい、二十文字以上三十文字以内で主語と述語のある一文を作りなさい。ただし、文章中にある「やっている」「～されている」という表現はつかわないようにしなさい。

三　①から④の～線部の漢字はひらがなに、カタカナは漢字に直しなさい。（送りがなが必要な場合は、送りがなもつけること）⑤は三つの熟語となるように□に入る共通の漢字を答えなさい。

①プレゼントを包む。　②説明をショウリャクする。　③ヨウイに解決できる。
④城の周りをカコム。　⑤□目・国□・□界

令和２年度　第１次選抜＜適性検査＞　第２時限　算数　問題用紙
（時間４５分）

1　次の計算をしましょう。

（１）　$2020+114-170$

（２）　$\frac{14}{15}\times\left(\frac{1}{2}-\frac{1}{7}\right)$

2　□にはあてはまる数はいくつになりますか。

$11\times(\square-5)=165$

3　右の図のような円の一部の面積は何cm^{2}ですか。
ただし，円周率は3.14とします。

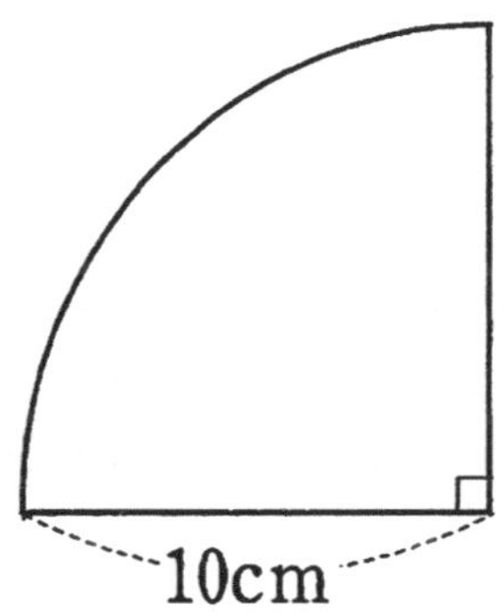

4　下の表は，月曜日から金曜日までの５日間に４年２組の人が図書室で借りた本のさっ数を表したものです。この５日間の平均のさっ数が4.2さつのとき，木曜日に借りた本は何さつになりますか。

曜　日	月	火	水	木	金
さっ数	0	6	7	□	5

5　右のグラフは，ある水道から水を出したときの時間 x 分と出た水の量 y Lの関係をグラフにしたものです。14分間に出る水の量は何Lですか。

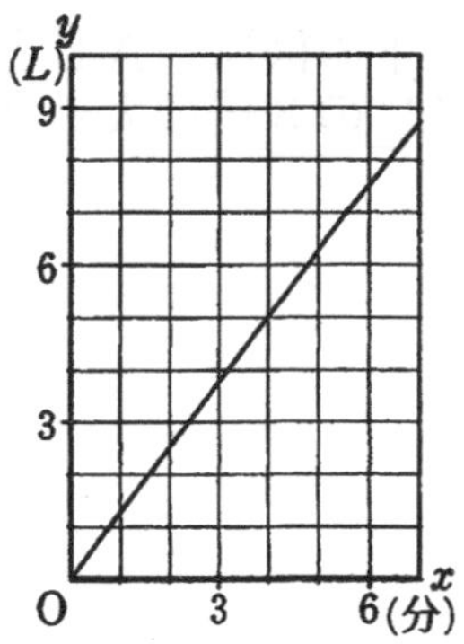

6　ある仕事を１人で終えるのに，Ａ君は15日，Ｂ君は12日，Ｃ君は10日かかります。この仕事を３人でいっしょにするとき，何日で終えることができますか。

7　下のグラフは，ある小学校で好きなスポーツについてアンケートを行った結果です。テニスと答えた子どもが卓球（たっきゅう）と答えた子どもより５人多かったとき，サッカーと答えた子どもは何人いたことになりますか。

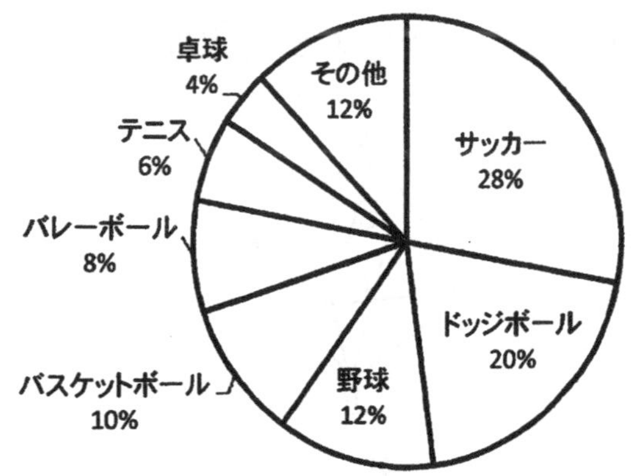

8 下の図は辺ＡＢと辺ＡＣの長さが等しい三角形です。また，角あの大きさは角いの３倍の大きさです。このとき，角うの大きさは何度ですか。

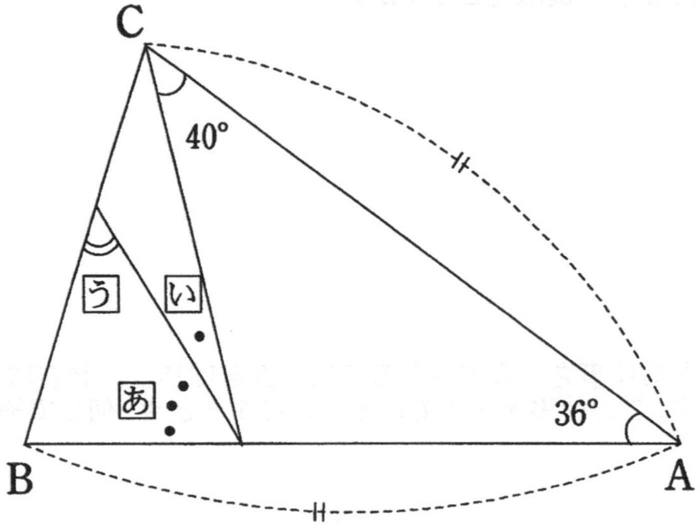

9 Ａさんが，家から図書館に向かって毎分80mの速さで歩き始めました。Ａさんが家を出てから12分後に，Ｂさんが同じ道を毎分200mの速さで自転車で追いかけたところ，Ａさんより３分遅れて図書館に着きました。家から図書館まで何kmになりますか。

10 図１のような立体があります。図２はこの立体の展開図を表しています。(ア)，(イ)に対応する頂点は，それぞれＡ～Ｆのどれになりますか。

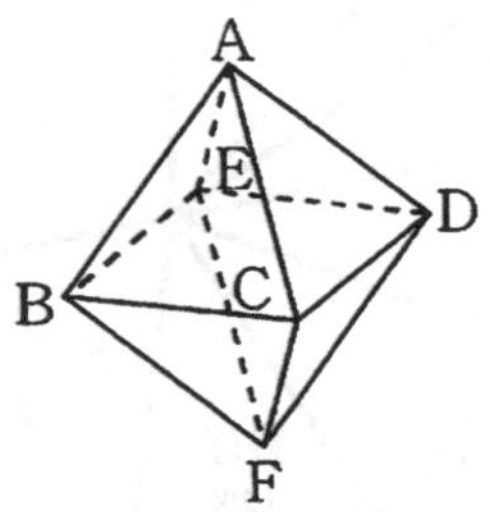

図１

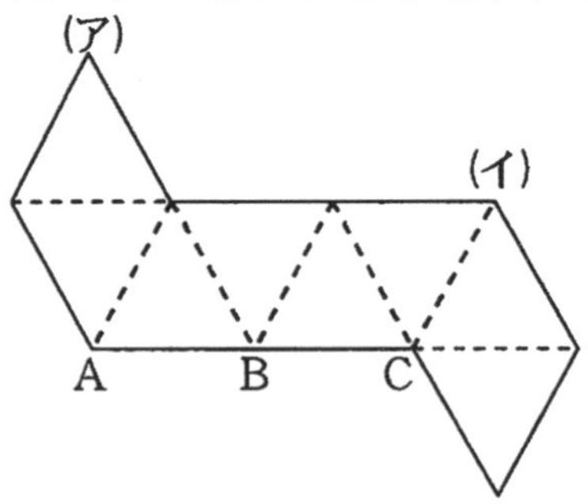

図２

11 下のように，Ａ，Ｂ，Ｃがあるきまりにしたがって左からならんでいます。

A, B, C, A, A, B, B, C, C, A, A, A, B, B, B, C, C, C, …

（１）25番目はＡ，Ｂ，Ｃのうちどれになりますか。

（２）Ａが25回目に出てくるのは，何番目ですか。

12 １から100までのすべての整数が１つずつ書かれたボールがあります。これらのボールを次の①～③の手順でかごに入れていくとき，かごに入らなかったボールは何個ありますか。

① Ａのかごに２の倍数のボールをすべて入れる
② Ｂのかごに３の倍数のボールをすべて入れる
③ Ｃのかごに５の倍数のボールをすべて入れる

13 ある立方体Ａの上に，１辺の長さが立方体Ａの５分の１である立方体Ｂを，下の図のようにのせ，新しい立体をつくります。すると新しい立体の表面積は，立方体Ａの表面積より64cm^{2}増えました。新しい立体の体積は何cm^{3}ですか。

※ 表面積とは，立体の表面全体の面積のことです。

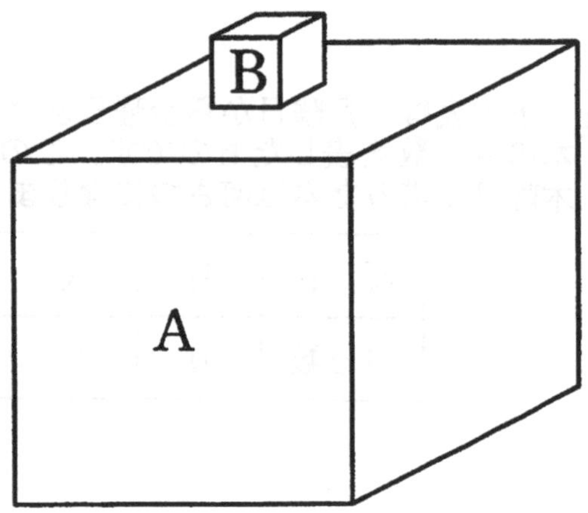

令和二年度　第一次選抜〈適性検査〉　第一時限　国語　解答用紙

一

問1

問2

問3

問4

問5

問6

問7

問8

問9

問10

問11

二

問1

あ

い

う

問2

問3

問4

A

B

問5

問6

問7

問8

20

30

三

①

む

②

③

④

⑤

※50点満点
(配点非公表)

受検番号

備考

令和２年度　第１次選抜<適性検査>　第２時限　算数　解答用紙

1 (1)

(2)

2

3

cm²

4

さつ

5

L

6

日

7

人

8

度

9

km

10

(ア)　(イ)

11 (1)

(2)

番目

12

個

13

cm³

※50点満点
(配点非公表)

受検番号

備考

平成三十一年度　第一次選抜〈適性検査〉　第一時限　国語　問題用紙　（時間四十五分）

一　次の文章は、阿久津善太とプールでけんかしたことをきっかけに、くすのき剣道クラブを休んでいる蓮見宝が、父親と話をしている場面である。文章を読んで、後の問いに答えなさい。

【＊印の言葉の説明は、本文の後ろにあります】

【解答する際は、句読点（。と、）や、かぎかっこも文字数にふくめます】

「頼んでないのに。電話してとか、手を貸してとか、思ってないのに」

「くすのきだって、やめたいなんて思ってない。なのになんでもう、見学とか」

「宝」

「ぼく、なにも言ってないのに、どうして、どうして勝手に」

「宝」

父親が困った様子で伸ばした手を、上体をねじってかわす。

「言わないからだろう」

＊数トーン低くなった声に、宝はびくりとした。

「阿久津くんと勝手にプールに入ってふざけてたとか、稽古をいきなり二週間以上休むとか、明らかにおかしいじゃないか。今までの宝を見ていれば、なにかがあったんだってことはわかるんだ。悩んでるってことは伝わってくるんだ。でも、宝はお父さんにも、お母さんにも、なにも言わないで閉じこもる。だったら、お父さんはお父さんの考えで、動くしかないだろう。待っていても仕方ないし、放っておくわけにもいかないんだから」

放っておいてよ！

宝は、プールでの出来事も、稽古を休む理由も、なにも両親に話さなかった。善太に迷惑がかかるかもしれないのがいやだったからだ。なのに結局、①めんどうなことになってしまった。

「今回に限らないぞ。お父さんがなにを言っても、なにを聞いても、宝からはなにも返ってこない。黙っていれば事が済む、周りがそれなりに動いてくれる、そう思って②甘えているのは、宝じゃないのか？」

「甘えて、なんか」

「どうしたいって意思表示もしないで、察してくれなんていうのは、甘えだ」

父親は表情も変えず、宝の否定をすぱりと斬り落とした。

「宝は、誰に対してもそうじゃないか」

父親の様子がいつもとちがう。声が大きくて、全身からむだに熱を放ち、元気だ勇気だ＊情熱だと宝に＊引火させようとする、あの③芝居がかった父親ではない。

＊淡々と、父親はあとを続ける。

「ただ受け身でいればいいなんて思うな。それでやり過ごせないことも、これからいくらだって出てくる。＊剣道だってそうじゃないか。守りを固めて待っていたって、試合時間はたった数分だぞ。その間に必ず好機が訪れるとは限らないんだ。動いて攻めないと。前にも言ったよな、『チャンスは待つな、作れ』って」

「……ごめ」
「謝ってほしいんじゃない」
父親の視線を、つむじのあたりに感じる。しばらくして、ため息が聞こえた。
「宝、④ショックだったんだろう」
おどろいて父親を見上げると、静かなまなざしが返ってくる。
「お母さんが撮ってきてくれた、この前の団体戦のビデオ、お父さん何度も見た。反省会のあとも、ずっと見てる。初戦の宝の相手、中学生みたいに大きい子だったな。よく一本取った。最後のほうの宝の動きは、とってもよかった」
恒例の反省会のときにも、同じようにほめられた。だけど⑤喜べなかった。
「でも、そのあとの阿久津くんは、もっとよかった」
宝は口を引き結んだ。そうだ。それが、わかっていたからだ。
「試合巧者な対戦相手に、まっすぐぶつかっていって、力で勝った。大将のプレッシャーもあったろうに、みごとだったな。しかもあの相手は、宝が前に個人戦で二本負けした子だ。宝、見ててショックだったろう。今も、　あ　してるだろう。それは嫉妬だ。自分のほうが阿久津くんより上だって、負けてないって、宝は心のどこかで思ってたんだよ」
すうっと、胸が冷えた。
確かにショックだ。
ずっと持て余していた感情に、勝手に、名前をつけられてしまったことが。
「ようやく、くやしいって感じただろう」
そこで父親のスイッチが入った。前けい姿勢になり、両腕を横に大きく広げる。
「くやしいよな。だから宝は阿久津くんとけんかして、剣道からも逃げてるんだよな。その気持ちはよくわかるよ。でもそれじゃあだめだ。立ち向かわなきゃ。阿久津くんとはちがう稽古をして、負かしてやろうじゃないか。お父さんも協力する。なっ。だからよその道場で」
「くやしくない」
血を沸騰させる勢いで語っていた父親が、ぴたりと止まる。
「宝、まだそんなことを」
近寄ろうとした父親から、素早く下がって間合いを取り、両目の横を手で覆う。
「お父さんが、くやしがるから」
「え？」
「お父さんは、くやしがらないで。怒らないで。がっかりもしないで」
遠間に立ったまま、宝は言った。
「ぼくよりも、がんばらないで」
剣道だけではない。宝の交友関係でも、勉強でも、ゲームにおいてさえ、父親は宝以上に一喜一憂し、あれこれと必死になってしまう。

2019(H31) 愛知教育大学附属名古屋中
K 教英出版　国6の2

宝の立つ試合場に、いつもいつもいつも、父親が竹刀を持って入ってきて、ひどいときには相手を背中から斬ってしまうのだ。

⑥「それは、どういう意味だ？」

問われ、宝は言いよどんだ。舌が勝手に縮こまる。無理やり動かそうとすると、臆病な自分がささやいた。『いつもみたいに黙っていようよ』『きらわれちゃうよ』『お父さんがかわいそうだよ』と、何度も何度も。

でも、自分から声を出さないと。自分から挑んでいかないと。

それで流れが変わったのを、一度、経験したのだ。

顔から［い］を放し、父親を見る。心の中で構えた竹刀を、大きく振りかぶった。

「つまんない、よ」

一刀。

父親はゆっくりと一歩下がり、机に後ろ手をついて寄りかかった。でも、宝から目はそらさない。まだ、終わっていない。宝は意識して、肩ではなくお腹に力をこめる。

「稽古、一生懸命、がんばるから」

「それで？」

「次の大会は、阿久津くんより、いい結果出す。負けない、から」

「だから？」

「だから、くすのき、やめない。お父さんの協力も、もう、いらない」

「いらないのか。それでも宝は、強くなれるのか？まっすぐ、元気に、勇敢に戦えるようになるか？ちゃんと成長して、変わっていけるか？」

強い口調で畳みかけられる。宝は首を振った。

「なりたい自分は、自分で、決める」

示されなくても、ちゃんと知ってる。

沈黙が落ちる。重くて息苦しい雰囲気に、⑦ごめんなさいと言いたくなるのを必死にこらえる。どれだけ時間がたったのかわからなくなったころ、父親が「そうか」とうなずいた。机の上に広げていた、他道場の情報がのった紙をすべてまとめ、几帳面に角をそろえてから持ち、扉に向かう。

ドアノブに手をかけながら、父親は宝を振り返ったけれど、なにも言わずに出ていった。

一人になった部屋で、宝はごしごしと目をこすった。

（落合　由佳『流星と稲妻』による）

*トーン…音の調子。　*情熱…燃えたつ感情。　*引火…他の火や熱によって火がつくこと。　*淡々…あっさりした様子。
*剣道…剣を用いて心や体をきたえること。　*視線…目が見ている方向。　*恒例…いつも決まって行われること。
*巧者…上手。　*プレッシャー…圧力。　*嫉妬…自分よりすぐれた者をねたむこと。　*前けい…前にかたむくこと。
*沸騰…煮えたつこと。　*遠間…剣道における相手とのきょりを保った間合い。　*交友関係…友だちとの関係。
*一喜一憂…喜んだり心配したりして落ち着かないこと。　*竹刀…剣道に用いる竹製の刀。
*言いよどんだ…言葉がすぐに出ない様子。　*沈黙…静かなこと。　*雰囲気…そこにいる人たちの間にある空気や気分。

問1　——線①「めんどうな」の意味として最も適当なものを一つ選び、記号で答えなさい。

ア　むだな　　イ　手間がかかる

ウ　見た目が悪い　　エ　世話をする

問2　――線②「甘えている」の意味として最も適当なものを一つ選び、記号で答えなさい。
ア　親切をえんりょなく受け入れる。　イ　きまりがわるくててれる。
ウ　自分の行動を恥ずかしく思う。　エ　誰にでもなれなれしい。

問3　――線③「芝居がかった」父親の具体的な行動を文章中から二十文字程度でさがし、はじめの三文字をぬき出しなさい。

問4　――線④「ショック」とあるが、宝が「ショック」だった理由として最も適当なものを一つ選び、記号で答えなさい。
ア　自分が阿久津より上だと思っていたことを父親にしかられたから。
イ　阿久津より上だと父親に思われていたことをはじめて知ったから。
ウ　持て余していた感情が父親への嫉妬だと気づいてしまったから。
エ　持て余していた感情に父親が嫉妬という名前をつけてしまったから。

問5　――線⑤「喜べなかった」理由として、最も適当なものを一つ選び、記号で答えなさい。
ア　団体戦のビデオを何度も見る父親の熱意におどろいたから。
イ　最後はよかったが、最初の方の動きがよくなかったから。
ウ　個人戦で二本負けした阿久津に勝つことができなかったから。
エ　後に試合をした阿久津が宝よりもいい試合をしたから。

問6　**あ**に当てはまる言葉として最も適当なものを一つ選び、記号で答えなさい。
ア　どきどき　イ　わくわく　ウ　もやもや　エ　はらはら

問7　――線⑥「それ」として最も適当なものを一つ選び、記号で答えなさい。
ア　宝の「くやしくない」という言葉。
イ　父親から間合いを取り、宝が両目の横を覆ったこと。
ウ　宝の「ぼくよりも、がんばらないで」という言葉。
エ　勝っても負けても宝の心が少しも動かないこと。

問8　**い**に当てはまる言葉として最も適当なものを文章中から一文字でぬき出しなさい。

問9　――線⑦「ごめんなさいと言いたくなるのを必死にこらえる」とあるが、宝がそうした理由として適当でないものを一つ選び、記号で答えなさい。
ア　父親に示されなくても、なりたい自分の姿は宝自身が考え、決めていくと考えたから。
イ　父親が宝以上に必死になることで、剣道など様々なことがつまらなくなるから。
ウ　自分から声を出したり挑んだりしていくことで、流れが変わることを経験したから。
エ　父親が示すとおりに、元気で勇敢に戦えるようになりたいと宝自身が考えたから。

問10　次の文は、文章中のどこに入るのが最も適当か。この文が入る直前の文のおわりの四文字をぬき出しなさい。

> そんなのはもう、宝の戦いではない。勝とうが負けようが、心は少しも動かない。

問11　この文章の内容や特ちょうを表した次の文のうち、最も適当なものを一つ選び、記号で答えなさい。
ア　宝は父親の意思表示しないことが甘えだという言葉に怒りを感じたが、いつもと違う父親の様子に思わず自分の考えを変えようとしている。
イ　宝は阿久津との試合を通して自分のために父親と話すことができたものの、父親に逆らったことに涙を浮かべ、後悔している。
ウ　宝と父親のやりとりの中で剣道にかかわる言葉を用いることで、宝が思いを真剣に伝えようとする様子を表現している。
エ　会話文の中で宝と父親の思いを比べることで、父親の宝に対する思いとその変化を分かりやすく表現している。

二　次の文章を読んで、後の問いに答えなさい。【＊印の言葉の説明は、本文の後ろにあります】【解答する際は、句読点（。と、）や、かぎかっこも文字数にふくめます】

私たちは、「地球は丸い」とか、「地球は太陽のまわりを回っている」ことを当たり前のことと思っています。［Ａ］、ほとんどの人が、実際に地球が丸いことや太陽のまわりを回っていることを＊実体験したことはないでしょう。私たちが地上で見ることができる範囲では、大地は多少の＊凹凸はあるにしても平らにみえ、少なくとも丸くは感じられません。また、地球はじっとしていて太陽が東から西へと動いていると感じています。

昔の人たちも同じように感じていたはずです。［Ｂ］、地球が丸くて太陽のまわりを回っているなどと、とても考えられなかったことでしょう。現代の私たちと、たとえば一万年前の＊縄文人たちとでは、①何が異なるのでしょう？

現代人の脳は、一万年前の縄文人の脳から大きく変わっているわけではありません。ヒトは少なくともおよそ五万年にわたって、その基本的な脳の働きはまったく変わっていない②といわれています。

縄文人が文字さえもないア＊狩猟と採集のまずしい生活をしていたのに対し、現代の私たちは＊電子機器にかこまれて＊快適で文化的な生活をして、知識もはるかに豊富にもっていますが、私たちが昔の人たちよりも優れているのではありません。縄文人も子どものころから教育すれば、コンピューターを使いこなし、医者にもパイロットにもなれるでしょう。

チンパンジーは親のしぐさをみて学び、自分のものとして身につけますが、親が＊積極的に子どもに何かを教えるということはほとんどしないイといわれています。言葉や経験を＊次世代と共有できる［あ］のような手段の＊獲得、その違いが、いまのヒトとチンパンジーの違いではないウでしょうか。

チンパンジーでは、それぞれの世代は、前の世代が始めたことをはじめからやりなおすので、いつまでもほぼ同じ状態で止まってしまいます。

生きものたちのすべての進化情報は、＊遺伝子（＊ＤＮＡ）の情報として保存され、伝えられてきましたが、ヒトは③遺伝子では伝えられないものを伝えることができる能力をもった生きものなのです。個人や集団が得た知識や技術を言葉、文字、絵画、音楽などを通じて次の世代に伝え、それらを＊蓄積し、種全体で共有することができる能力を獲得したのです。

前の世代の④知的財産に、いまの世代が獲得したものを加えて、それを次の世代に伝えていき、世代が進むとともに文化財産が蓄積されていく――これは、ヒト以外のあらゆる生きものたちがかつてもったことのないエ、高度な脳の発達によるすばらしい能力です。

さて、これまで私は、人類のことを「ヒト」と書いたり、「人」と書いたりしてきました。生物学では一般に、生きものの種を表すときにカタカナで＊表記します。遺伝子を伝えるものとしての生きものの種類の一つという意味です。それに対して、遺伝子に加えて文化を伝えることのできる生きものとしてのヒトを「人」あるいは「ひと」と表します。

私たち一人ひとりも、［い］として生まれ、人（ひと）として育ちます。

（伊藤　明夫『40億年、いのちの旅』岩波ジュニア新書による）

＊実体験…実際に自分が身をもって経験すること。　＊凹凸…平らでないこと。でこぼこ。
＊縄文人…約一万二千年前にはじまった縄文時代に生きた人々。　＊狩猟…野生の動物を道具を用いて捕まえること。狩り。
＊電子機器…コンピューターを利用した多くの機能をもった機械。　＊快適…気持ちよく過ごしやすいさま。
＊積極的…物事を進んでしようとするさま。　＊世代…親・子・孫へと続いていく、それぞれの代。　＊獲得…手に入れること。
＊遺伝子…親の性質が子やその後の世代に伝えられていくことを「遺伝」といい、その性質を伝えていくもの。
＊ＤＮＡ…遺伝子の本体として細胞の中に存在するもの。　＊蓄積…たくわえ、ためること。　＊表記…言葉を書き表すこと。

問1　［Ａ］、［Ｂ］に当てはまる最も適当なものを一つずつ選び、記号で答えなさい。
ア　そして　イ　さて　ウ　すると　エ　しかし

問2　――線①「何が異なるのでしょう」とあるが、異なる点について説明した次の文のうち、文章中に書かれている内容として最も適当なものを一つ選び、記号で答えなさい。
ア　現代人の脳は、一万年前の縄文人の脳から大きく進化している。
イ　縄文人の生活に比べ、現代人は快適で文化的な生活をしている。
ウ　現代人は縄文人よりも知識が豊富であり、はるかに優れている。
エ　縄文人は知識を豊富にもっているので、医者やパイロットになれる。

問3　――線②「ない」と同じ使い方のものを文章中の～～線ア～エの中から一つ選び、記号で答えなさい。

問4　［あ］、［い］に当てはまる言葉として最も適当なものを文章中からそれぞれ二文字でぬき出しなさい。ただし、［あ］に関しては、ここよりあとの文章中からぬき出すこと。

問5　――線③「遺伝子では伝えられないものを伝えることができる能力をもった生きもの」と同じことを示している次の文の［　］に当てはまる部分を、文章中から八文字でぬき出しなさい。

遺伝子だけではなく［　　　］ができる生きもの

問6　――線④「知的財産」を具体的に表している部分を文章中から十三文字でさがし、はじめの五文字をぬき出しなさい。

問7　次の文は、文章中のどこに入るのが最も適当か。この文が入る直後の文のはじめの七文字をぬき出しなさい。

ヒトはこれまでにはなかった特殊な生きものなのです。

問8　文章の内容について述べた次の文のうち、適当でないものを一つ選び、記号で答えなさい。
ア　ヒトは高度な脳の発達により遺伝子の情報を蓄積し、種全体で共有することができる能力を獲得した。
イ　チンパンジーは親から教えられることは少ないので、親のしぐさをみて学び、自分のものとして身につける。
ウ　いまのヒトとチンパンジーの違いは言葉や経験を次世代と共有できる手段を得たかどうかである。
エ　生きものたちのすべての進化情報は、遺伝子（ＤＮＡ）の情報として保存され、伝えられてきた。

問9　＝＝線「あらゆる」とありますが、「あらゆる」をここでの意味と同じ意味で使い、二十文字以上三十文字以内で主語と述語のある一文を作りなさい。ただし、文章中にある表現と同じ表現は使わないようにしなさい。

三　**①から④の～線部の漢字はひらがなに、カタカナは漢字に直しなさい。（送りがなが必要な場合は、送りがなもつけること）⑤は三つの熟語となるように□に入る共通の漢字を答えなさい。**
①予定を手帳に記す。　②野球でコウセキをあげた選手。　③セイケツな服装を心がける。
④王として国をオサメル。　⑤□物・□造・再□

平成３１年度　第１次選抜＜適性検査＞　第２時限　算数　問題用紙
（時間４５分）

1　次の計算をしましょう。

（１）$(16-4\times3)\div2$

（２）$(5.9-3.5)\div(1.2-1.1)$

2　１から1000までの整数のうち，11で割り切れる整数は，全部で何個ありますか。

3　右の図の色が付いた部分の面積は何cm^2ですか。

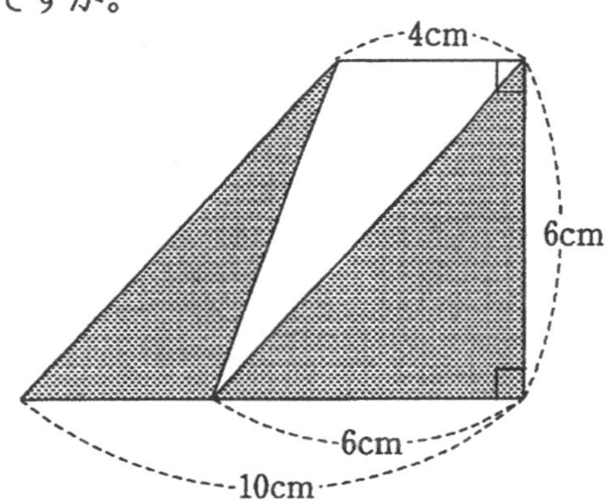

4　６年生３クラスのボランティア活動に参加した人数を比べました。すると，Ａ組は24人，Ｂ組はＡ組の人数の$\frac{2}{3}$倍，Ｃ組はＡ組の人数の$\frac{5}{4}$倍が参加したことが分かりました。このとき，Ｂ組とＣ組の参加人数を最も簡単な整数の比で表すと，Ｂ：Ｃはいくつになりますか。

5　修学旅行の旅館の部屋割りをします。児童の人数を１室あたり３人ずつにすると，全ての部屋を使っても６人が部屋に入れません。また，１室あたり４人ずつにすると，全ての部屋を使い児童全員が部屋に入れますが，３人部屋が３部屋できます。このとき，児童の人数は何人ですか。

6　家から目的地まで２時間で着く計画を立てました。しかし，時速35kmの速さで進むと，予定していた時間より24分早く目的地に着きました。計画通り２時間で目的地に着くためには，時速何kmで進めばよいですか。

7　下の図の三角形ＡＢＣ，三角形ＡＤＥ，三角形ＥＣＦは正三角形です。また，角あの大きさは，角いの大きさの２倍です。このとき，角うの大きさは何度ですか。

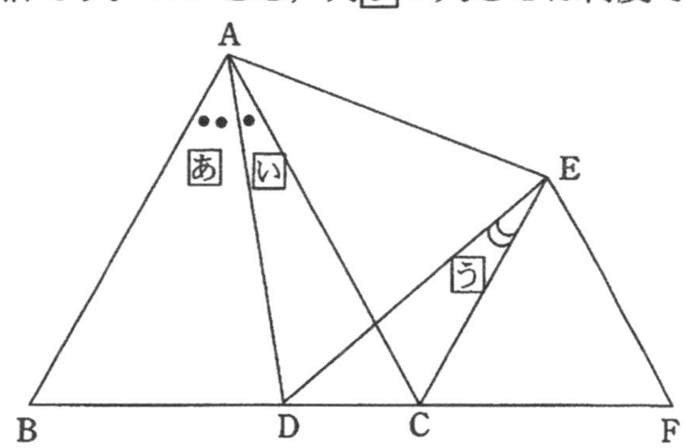

8　太さがちがう同じ長さの２本のろうそくＡとろうそくＢがあります。２本のろうそくに同時に火をつけたとき，ろうそくＡは，火をつけてから50分で８cm短くなり，ろうそくＢは，火をつけてから30分で４cm短くなりました。ろうそくＡとろうそくＢの長さの差が２cmになるのは，火をつけてから何分後になりますか。

9　ある店で，１個800円で150個仕入れた商品を，４割の利益が得られる定価にして売ることにしました。しかし，何個かの商品が売れ残ってしまったため，定価の25％を割引して売りました。すると，売れ残った商品も全て売れ，店の利益は合計で31200円になりました。このとき，売れ残った商品の個数は何個でしたか。

10　下の図は，１辺が７cmの正方形と，縦が４cm，横が３cmの長方形です。この長方形が正方形の周りをすべらないように回転して１周します。長方形が１周しもとの位置に戻ったとき，点Ｐが動いたあとの長さは何cmになりますか。
　ただし，長方形の対角線の長さは５cm，円周率は3.14とします。

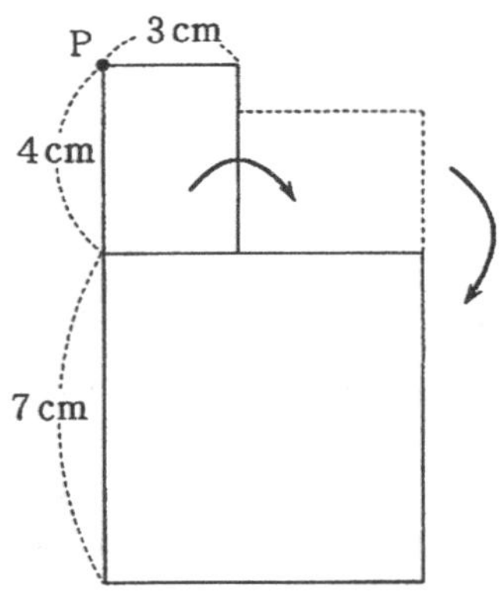

11　下のように，○や●を５つ並べて，ある約束のもとで整数を表しています。

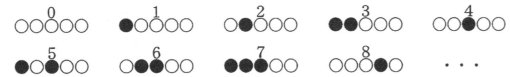

0 ○○○○○　1 ●○○○○　2 ○●○○○　3 ●●○○○　4 ○○●○○
5 ●○●○○　6 ○●●○○　7 ●●●○○　8 ○○○●○　・・・

（1）●●○●○＋○○●●○はいくつを表していますか。

（2）必要な○を●にぬりつぶして，31を表しなさい。

12　あるクラスでは，月曜日から金曜日まで，38人で分担して同じ教室のそうじを行っています。そうじの分担は，38人に１番から38番まで番号をつけ，最初の日が１番から８番，次の日が９番から16番というように，番号順に８人ずつすることになっています。
　６月１日月曜日からそうじをはじめたとき，最初にそうじをした８人である１番から８番が，３回目にそろって教室をそうじするのは，何曜日ですか。なお，６月１日月曜日を１回目にそろってそうじをする日とします。

13　下の図のように，底面の半径が２cm，高さが30cmの円柱のおもりＡと水を入れた円柱の水そうがあります。この水そうに，おもりＡの代わりに底面の半径が３cm，高さ30cmの円柱のおもりＢを入れると，水そうの底面から水面までの高さが９cmから12cmに変化しました。このとき，水そうの底面積は何cm²ですか。ただし，水そうの厚さは考えません。また，円周率は3.14とします。

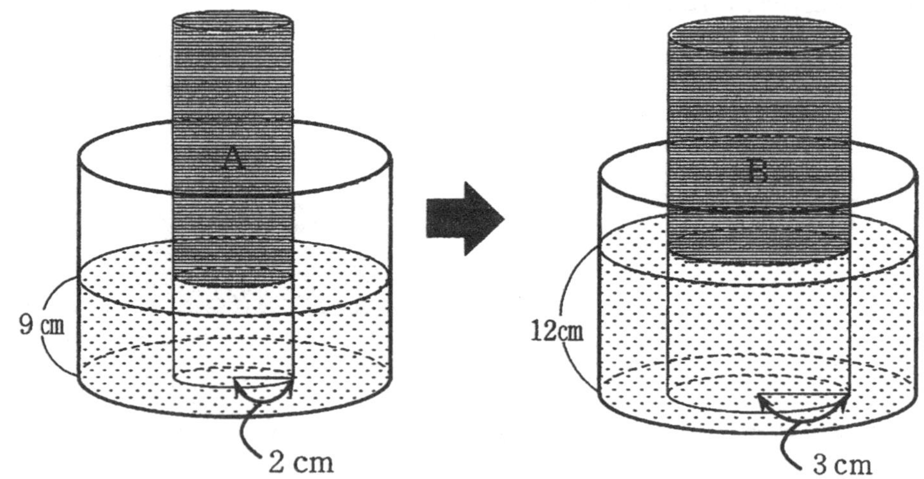

【おもりＡを入れたとき】　【おもりＢを入れたとき】

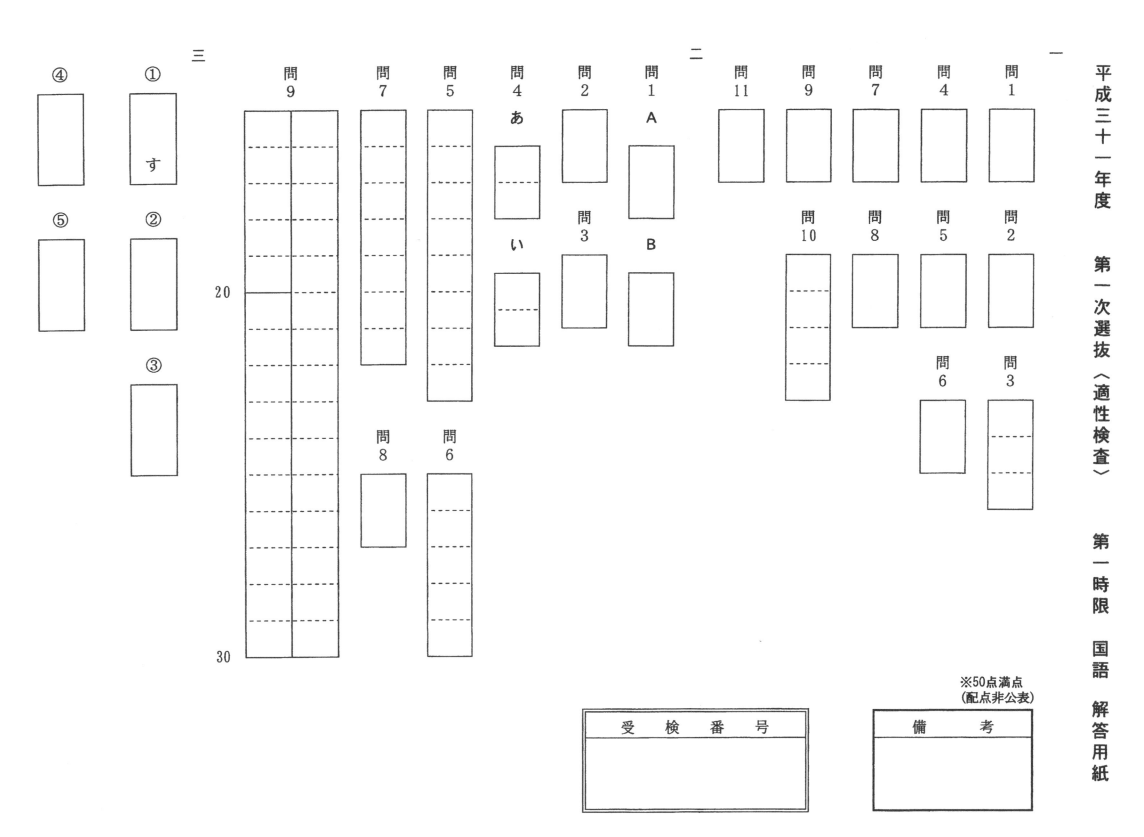

平成三十一年度　第一次選抜〈適性検査〉　第一時限　国語　解答用紙

一

問1

問2

問3

問4

問5

問6

問7

問8

問9

問10

問11

二

問1

A

B

問2

問3

問4

あ

い

問5

問6

問7

問8

問9

20

30

三

①

す

②

③

④

⑤

※50点満点
(配点非公表)

受　検　番　号

備　　考

平成３１年度　第１次選抜<適性検査>　第２時限　算数　解答用紙

1 （1）

（2）

2 個

3 cm^2

4 ：

5 人

6 時速　km

7 度

8 分後

9 個

10 cm

11 （1）

（2）○○○○○

12 曜日

13 cm^2

※50点満点
（配点非公表）

受　検　番　号

備　考

愛知教育大学附属名古屋中学校

平成三十年度　第一次選抜〈適性検査〉　第一時限　国語　問題用紙　（時間四十五分）

一　次の文章は、転校生のリサに「放課後に一往復だけ泳ぎたい」とお願いされた「わたし」が、プールの入り口で誰か来ないか見はりをしている場面である。文章を読んで、後の問いに答えなさい。

【＊印の言葉の説明は、本文の後ろにあります】

【解答する際は、句読点（。と、）や、かぎかっこも文字数にふくめます】

時計を見ると、ちょうど四時半をさしていた。同時に、帰りをうながす校内放送が流れてきた。

わたしは立ちあがって、プールの階段をのぼっていった。リサはもう泳ぎ終わって、更衣室にいるかもしれないと思った。

ところが、わたしの目にとびこんできたのは、中央のレーンを、クロールで①ゆうぜんと泳いでいるリサだった。

すっごく腹がたってきた。

これじゃ、＊あたふたしているのはわたしだけだ。ばっかみたい。

わたしは、リサが泳いでいるレーンの壁ぎわで、腹ばいになってリサが来るのを待った。リサが壁に手をついたとき、②その手をグイッとつかんでどなった。

「タイムオーバー！」

顔をあげたリサは、わかったというようにうなずいた。

「一往復って約束よ！」

わたしは、水の中のリサをにらみつけた。

「ごめん。つい時間わすれちゃって」

リサは、ゴーグルをひたいにおしあげると、床に両手をつき、はずみをつけて上半身をもちあげた。コンクリートの床に片足をつき、もう一方の足を引きあげた。

乾いた床に、ポトポトと水滴が流れ落ちて、リサのまわりにたまった。

右足のひざから下の皮膚が、赤と黒のまだら模様のように変色していた。しかも、みがきあげたみたいに、つるつるしている。

ギョッとした。思わず目をそらせてしまった。リサは、③しまったという顔をした。が、すぐにもとの表情にもどって、

「着替えてくるから、ちょっと待ってて」

そう言うと、更衣室にかけこんだ。

見てはいけないものを見てしまったような、＊後味のわるい思いが残った。

更衣室からでてきたリサは、髪をきっちりと帽子の中におしこんでいた。

きっと、ぬれた髪をかくすためにもってきたのだ。

リサは、行こう、と先に立って歩きだした。

わたしたちがプールをあとにして、正面の昇降口のまえを通りすぎようとしたとき、教頭先生が校舎からでてきた。

今から、校内を一周するつもりなのかもしれない。あやういところでセーフだ。

「まだいたの。校内放送が流れたでしょ。気をつけて帰るのよ」

「はーい」

リサはなにくわぬ顔をして言い、こっそりわたしのほうを見て④肩(かた)をすくめた。

秘密(ひみつ)を共有している、仲間のつもりなのだろうか。

校門をでると、リサはすぐに帽子をとって、頭をふった。しめった髪が、こぼれるように落ちて、肩先で踊(おど)った。

わたしは、やっと校門をでられてホッとしていた。さっさと別れてしまいたかった。

そしたら、

「ね、アイス食べない？　おごるから」

リサが機嫌(きげん)のいい声で言う。

せっかく誘(さそ)ってくれるリサにはわるいけど、ことわろうと思っていたら、

「それと、わたしの足、見たでしょ。そのことで話しておきたいんだ」

そう言われて、ことわれなくなった。

通りをわたって三十メートルほど行くと、コンビニがある。

しかたなく、リサについてコンビニに入った。リサはチョコバナナを、わたしはレモンバーを選んだ。

「あそこの、バス停のベンチで食べようか」

リサが指さしたバス停に、青いベンチがおかれていた。

ちょうど、うしろの建物のかげになって、［あ］だ。

ならんでこしかけると、

「今日はサンキュ。ひさしぶりにスッキリした」

クシャッと、鼻にしわをよせて笑った。

そんなふうに笑うと、リサはけっこうかわいかった。よく動く大きな目と、やや上向きかげんの鼻、小さいけど厚みのあるくちびる。

それぞれのパーツが、バランスよくおさまっている。

「でも、これっきりだからね。あんなこと、もう二度としないから」

そう言うと、あら、とリサは大きな目をむいた。

「転校生の力になりたいって言ったのは、あなたのほうよ」

「あ、でも、まさか⑤こんなことをするなんて、思わなかったもの」

「じゃあ、どんなことなら、よかったの？」

袋(ふくろ)をやぶって、リサはアイスバーにかぶりついた。

「どんなって」

「人のためになにかをしようと思ったら、それなりの覚悟(かくご)がいるのよ。つまり、あなたには、それ

がなかったってことね」

皮肉っぽい口調で決めつけた。リサは、わたしがいいかげんな人間だと、言いたいのだろうか。

プールの見はりに、覚悟がいるとは思わなかった。リサは、わたしがいいかげんな人間だと、言いたいのだろうか。

「心配しないで。もう二度とたのまないから」

さっきまでの、上機嫌は消えてしまったように、リサはだまってアイスを食べ続けた。わたしも、レモンバーの包みをやぶって、そっと口に入れた。

今年はじめてのアイスだった。

外側は、レモン味のアイスキャンディーで、シャキシャキ、内側はザクザクのかき氷みたい。ときどき、レモンの皮が混ざっててほろにがい。今のわたしの気持ちみたいだ。

「さっき言った、話っていうのはね」

食べ終わったアイスの棒を、リサは手持ち無沙汰にいじりながら言った。

「 い こと、だれにも言わないでほしいの。今までどおり、心臓がわるいから泳がないってことに、しておいてくれないかな」

わたしの顔色を⑥うかがうように言った。

「ああ、うん、いいけど」

「ぜったいよ」

「うん、わかった。ぜったい言わない」

「よかった。それが気になったの」

ほっとしたように、リサはベンチから立ちあがった。

「じゃあ、わたし、帰るから」

それだけ言うと、うしろをふりかえることもなく、去っていく。

あれは、いったいなんの傷なのだろう。

さっき見た、リサのふくらはぎから足首にかけての傷あとが、ありありと目のまえに浮かんだ。

わたしは、リサの小さくなっていくうしろすがたを、⑦複雑な気持ちで見送った。

（朝比奈　蓉子『わたしの苦手なあの子』による）

＊うながす…早くするように急がせること。　＊あたふた…ひどくあわてている様子。　＊後味…物事が終わった後の感じ。

＊皮肉…遠回しに意地悪く責めること。　＊ほろにがい…少し苦い。　＊手持ち無沙汰…することがなくて退屈な様子。

問１　―――線①「ゆうぜんと」の意味として最も適当なものを一つ選び、記号で答えなさい。

ア　落ち着いてゆったりと　　イ　ひとりぼっちで不安そうに

ウ　自信をもって堂々と　　エ　周囲の様子に気を配りながら

2018(H30)　愛知教育大学附属名古屋中
K 教英出版　国6の3

問2 ——線②「その手をグイッとつかんでどなった」理由として、最も適当なものを一つ選び、記号で答えなさい。

ア リサが約束よりもたくさん泳いでいて、下校時間に間に合うか不安になったから。
イ リサが自分の実力以上の距離を泳ごうとして、無理をしていると思ったから。
ウ リサが約束を破って夢中になって泳いでいて、自分だけあせっていたから。
エ リサが泳いではいけない時間にプールに入りこみ、勝手に泳いでいたから。

問3 ——線③「しまったという顔をした」とあるが、リサがそのような顔をした理由として最も適当なものを一つ選び、記号で答えなさい。

ア 心臓がわるいことを「わたし」に伝えていなかったことに気付いたから。
イ 一往復という約束を破り、時間をわすれて泳いで、「わたし」を待たせたから。
ウ プールから上がる際に、自分の右足の傷あとを「わたし」に見られてしまったから。
エ 「わたし」に自分の足を見せてしまい、「わたし」をいやな気分にさせたから。

問4 ——線④「肩をすくめた」とあるが、このときのリサの気持ちとして最も適当なものを一つ選び、記号で答えなさい。

ア 誰にもプールで泳いでいたことを注意されずにすんで、喜んでいる気持ち。
イ 教頭先生にプールで泳いでいたことがばれずにすんで、安心している気持ち。
ウ プールで泳いでいたことが教頭先生にばれるのではないかと不安がっている気持ち。
エ 「わたし」が自分の足について何も聞いてこないことを不思議がっている気持ち。

問5 [あ] に当てはまる言葉として最も適当なものを一つ選び、記号で答えなさい。

ア すずしげ　イ たのしげ　ウ ほこらしげ　エ おかしげ

問6 ——線⑤「こんなこと」として最も適当なものを一つ選び、記号で答えなさい。

ア リサが「わたし」との約束を守らず、泳ぎ続けたこと。
イ リサが「わたし」だけに見はりを無理にやらせたこと。
ウ アイスをおごる代わりにプールの見はりをさせたこと。
エ プールに入っていたことが教頭先生に知られそうになったこと。

問7 [い] に当てはまる言葉として最も適当なものを一つ選び、記号で答えなさい。

ア 本当は泳ぎが得意な　イ プールを使った
ウ 傷があってもプールに入れる　エ あの傷を見た

問8 ——線⑥「うかがう」の意味として最も適当なものを一つ選び、記号で答えなさい。

ア 相手のきげんをとる。　イ こっそりのぞいて様子を見る。
ウ 相手の意見にしたがう。　エ 不満に思っていないかうたがう。

問9 ——線⑦「複雑な気持ち」とあるが、このときの「わたし」の気持ちをあるものでたとえて表している部分を連続する二文で探し、はじめの三文字をぬき出しなさい。

問10 次の文は、文章中のどこに入るのが最も適当か。この文が入る直後の文のはじめの三文字をぬき出しなさい。

リサの動きを見ていたわたしは、一瞬からだが固まった。

問11 文章の内容について述べた次の文のうち、最も適当なものを一つ選び、記号で答えなさい。

ア 「わたし」は、自分のことを好きなように利用するリサを、やっかいに感じており、もう関わりたくないと思っている。
イ 「わたし」はリサの足のことを聞きたいと思うものの、リサの勝手な態度にとまどい、聞くに聞けないでいる。
ウ 「わたし」は人のためになにかをする覚悟のないままリサのお願いをきいてしまった自分の行動をはじている。
エ 「わたし」はリサのお願いに協力したのだから、足のことを聞きたいと思うものの、アイスをごちそうになったために聞けないでいる。

二　次の文章を読んで、後の問いに答えなさい。【＊印の言葉の説明は、本文の後ろにあります】
【解答する際は、句読点（。と、）や、かぎかっこも文字数にふくめます】

かつてはいつ実現できるか分からない夢の乗り物と言われた自動運転車ですが、道路状況を見極める＊AIの進歩や暗闇で障害物を感知するセンサー技術の向上は目覚ましく、日本自動車工業会は二〇三〇年までに人が運転に一切関与しない「完全自動運転車」の＊普及を見込んでいます。専門家の間では「このまま＊テクノロジーが進歩すれば、技術的な課題はいずれすべてクリアできるのではないか」と考えられています。高速道路の逆走やアクセルとブレーキの踏み間違いによる急発進といった＊ヒューマンエラーによる［あ］を＊根絶できる日も遠くはなさそうです。マイカーに行き先を伝えて、あとは車の中で本を読んだり寝ていたりすれば、目的地に到着する時代がすぐそこまで近づいてきました。

しかし、技術の進歩だけでは乗り越えられない①課題があります。それが「自動運転車の＊トロッコ問題」です。＊SF映画の世界のように、いつか車が空を走り（飛び）、道路と歩道が完全に分離される②ような未来が訪れるのかもしれませんが、それはまだ先の話です。道路上に自動運転車と人が混在している限り、常に③予測不能な事態が生じ、必ず事故は起こります。見えない場所から急な飛び出しがあれば、人間のドライバーと同様、自動運転車も回避することはほとんどできません。

自動運転車による死傷事故が起きた時、人は「機械の判断」をどこまで許容することができるでしょうか。

自動運転車に乗っていると、目の前に歩行者が飛び出してきました。ブレーキを踏んでも間に合いません。急ハンドルを切れば回避できそうですが、ガードレールにぶつかって搭乗者が大けがをするか、場合によっては死んでしまう恐れがあります。さて、AIは［い］者を助けるようにプログラムされるべきでしょうか。それとも搭乗者を最優先で守るように設計されるべきでしょうか。

これは、まさに＊モラルジレンマの問題です。人間が運転していても似たような状況に直面して、瞬間的に判断を求められることはあるでしょう。「歩行者は死んでしまう可能性が高い。自分が大けがですむなら、ガードレールにぶつかる方を選ぼう」と瞬時に回避する人がいるかもしれませんし、結果的に歩行者を轢いてしまう人もいるでしょう。しかし、仮に歩行者を轢いてしまった場合でも、ドライバーに対しては「そのような状況でとっさの判断を求めるのは＊酷だ」と同情的な声が上がるのではないでしょうか。

自動運転車の場合は事情が異なります。［A］、緊急事態でどのように対処すべきか、事前にプログラミングすることが可能だからです。専門家は「歩行者を救いたいのはやまやまだが、搭乗者を守らない車に乗りたいユーザーはいないだろう」と指摘します。緊急時の判断基準は「人間優先、搭乗者優先、その上で被害を最小限にする」という原則に基づいて＊運用しなければ、自動運転車が普及することはないとも予測しています。事故が起きた時に優先するのはあくまで［う］であり、その中でも搭乗者を最優先に考える、犠牲者が複数出そうな事故であれば被害を最小限にする方法を選ぶ、という具合です。

［B］、飛び出した方が悪いと分かっていても、轢かれた歩行者の側には割りきれなさが残るはずです。果たして、私たちは「自動運転車は搭乗者を守るのが当然」と言いきれるでしょうか。

プログラムを作成する段階では、ありとあらゆる状況が＊想定されるはずですが、搭乗者の軽いけがと歩行者の命を比較した際の優先順位など、設定は一筋縄ではいきません。歩行者が五歳の子どもである場合と五十代の成人男性の場合では、社会の受け止め方も違ってくるはずです。

ＡＩは「ある人を助けるために、他の人を犠牲にすることは許されるのか」という難問に答えを出してはくれません。＊倫理的な判断基準をＡＩに＊委ねれば、人間の生き死にを機械に預けることにつながります。事故が起きた後で「自動運転車がそのような判断基準で動いているとは知らなかった」と嘆いても間に合いません。納得のできる基準は私たち人間が＊主体的に考え、決めるしかないのです。（名古谷　隆彦『質問する、問い返す　―主体的に学ぶということ』による）岩波ジュニア新書

＊ＡＩ…人工知能。　＊普及…広く行きわたること。　＊テクノロジー…科学技術。
＊ヒューマンエラー…人間によるあやまり。　＊根絶…すっかり無くすこと。
＊トロッコ問題…トロッコに乗っている時にブレーキが効かなくなり、そのまま進めば五人を轢いてしまう。別路線を選ぶこともできるが、その場合も一人を轢いてしまう。この時、「五人を助けるために、一人を轢く選択は許されるのか」という問題。
＊ＳＦ…科学的知識をもとに、未来や宇宙を舞台にえがいた空想的小説。　＊酷…きびしいこと。　＊想定…仮に考えてみること。
＊モラルジレンマ…二つの判断の間で、道徳的にどちらが正しいか迷う状態。　＊主体的…他に導かれるのではなく、自分の立場で行う様子。
＊倫理…人として守るべき道。　＊委ねる…任せる。

問1　［あ］～［う］に当てはまる言葉として最も適当なものを文章中から漢字二文字でぬき出しなさい。

問2　［Ａ］、［Ｂ］に当てはまる言葉として最も適当なものを一つずつ選び、記号で答えなさい。

ア　そのうえ　　イ　なぜなら　　ウ　そして　　エ　しかし

問3　――線①「課題」を具体的に表している部分を文章中から二十九文字で探し、はじめの五文字をぬき出しなさい。

問4　――線②「ような」と同じ使い方のものを一つ選び、記号で答えなさい。

ア　彼女は天使のような美しさだ。　　イ　もう台風は通過したような気がする。
ウ　父のような消防士になりたい。　　エ　そこには夢のような光景が広がっていた。

問5　――線③「予測不能な事態」を具体的に表している部分を文章中から六文字でぬき出しなさい。

問6　次の文は、文章中のどこに入るのが最も適当か。この文が入る直後の文のはじめの七文字をぬき出しなさい。

いま開発者を悩ませているのは次のような問題です。

問7　文章の内容について述べた次の文のうち、適当でないものを一つ選び、記号で答えなさい。

ア　ＡＩやセンサー技術の向上によって、完全自動運転が現実的なものになってきた。
イ　人間が運転する場合と異なり、自動運転は緊急事態に対しての事前の判断が必要となる。
ウ　自動運転車は、被害を最小限にすることを最優先に考えてプログラミングされている。
エ　状況によっては、自動運転車は搭乗者を守るのが当然と言いきれないこともある。

問8　═══線「やまやま」とありますが、「やまやま」をここでの意味と同じ意味で使い、二十文字以上三十文字以内で主語と述語のある一文を作りなさい。ただし、文章中にある表現と同じ表現は使わないようにしなさい。

三　**①から④の～線部の漢字はひらがなに、カタカナは漢字に直しなさい。（送りがながが必要な場合は、送りがなもつけること）⑤は三つの熟語となるように□に入る共通の漢字を答えなさい。**

①肥えた土地で野菜を作る。　②コウセイに残るような名作。　③作業のコウテイを知らせる。
④法律をもってサバク。　⑤真□・□性・人□

平成３０年度　第１次選抜＜適性検査＞　第２時限　算数　問題用紙

（時間４５分）

1　次の計算をしましょう。

(1)　$22-12\div2\times3$

(2)　$\left(4-\frac{6}{5}\right)\div\frac{10}{7}$

2　36と48の公約数は，全部で何個ありますか。

3　次の図のような四角形の面積は何cm^2ですか。

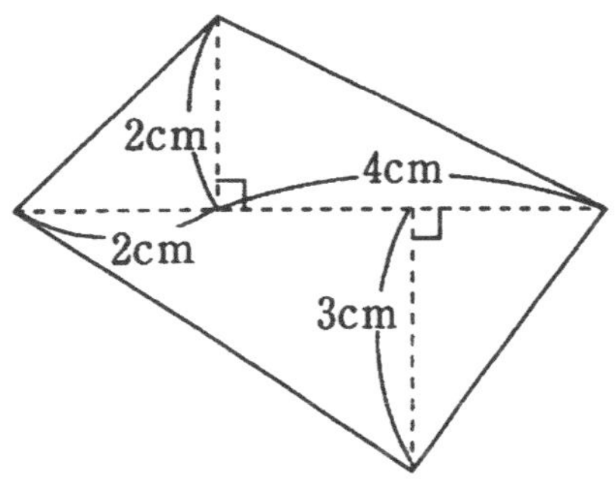

4　卵焼きを作るために，卵350ｇに対して，しょうゆ15ｇと砂糖10ｇを混ぜました。しょうゆの分量は材料すべての分量の何％になりますか。

5　りんごとなしとみかんを買います。りんご４個となし３個を買うと624円になり，なし３個とみかん５個を買うと510円になります。また，りんご２個とみかん１個を買うと162円になります。1000円で，りんごとなしとみかんを１個ずつ買うとき，おつりは何円ですか。

6　兄弟でくり拾いに行きました。兄が弟の $\frac{5}{3}$ 倍の個数を拾ったところ，二人で合わせて56個になりました。弟が拾ったくりは何個ですか。

7　次の図のように，二つの直角三角形が重なっています。角いの大きさが角うの大きさの半分であるとき，角あの大きさは何度ですか。

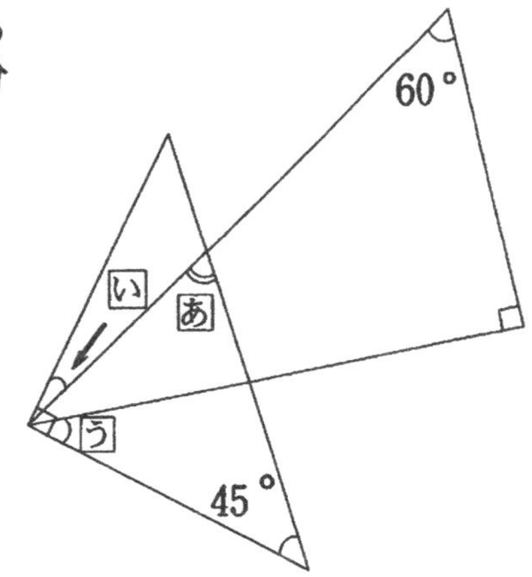

8　けんたさんは午後１時に家を出て，分速60ｍの速さで駅に向かいました。10分歩いたところで，忘れ物に気付いたけんたさんは同じ速さで家にもどりました。忘れ物に気付いたお兄さんが，午後１時12分に家を出て，分速100ｍの速さでけんたさんを追いかけると，二人が出会うのは午後何時何分ですか。

9 現在のＡさんの年れいは，Ｂさんの年れいの４倍ですが，６年前は７倍でした。現在から12年後，Ａさんの年れいはＢさんの年れいの何倍ですか。

10 次の図は，半径10cmの三つの円を，中心を結ぶと正三角形になるように並べたものです。点Ｏを中心とする半径10cmの円が図の位置から三つの円の周りをすべらないように回転して一周します。円Ｏが一周し終えたとき，円Ｏは何回転しますか。

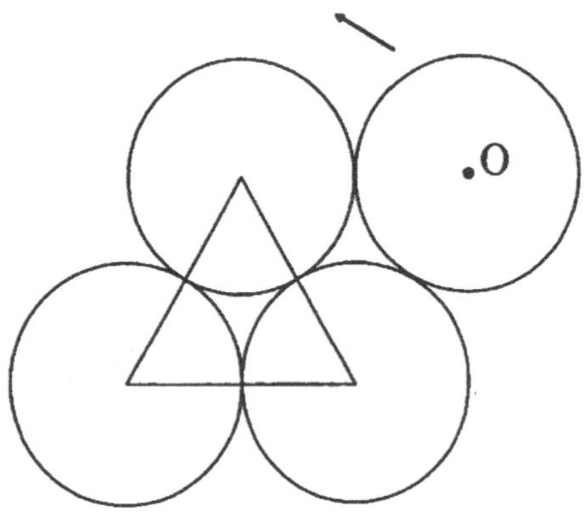

11 次のように，あるきまりにしたがって整数が並んでいます。

1，2，4，7，8，10，13，14，16，19，20，…

(1) 20番目の整数はいくつですか。

(2) 2018は，何番目の整数ですか。

12 右のように，５けたの整数を２けたの整数でわったら，８余りました。アイウにあてはまる３けたの商はいくつですか。

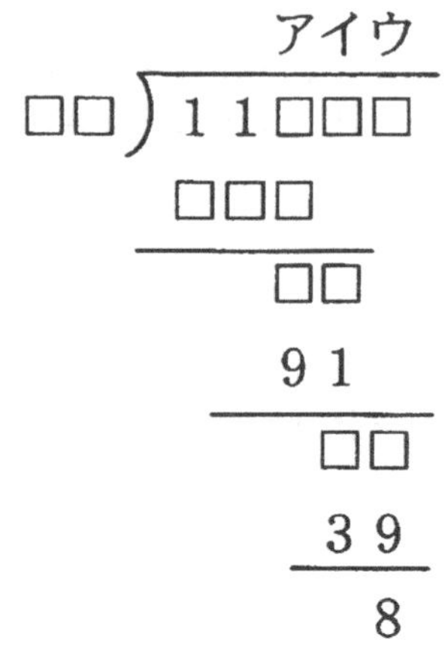

13 底面が直角三角形の三角柱の容器を図のように面BEFCを下にして置き，水面までの高さが４cmになるまで水を入れます。このとき，面DEFを下にして置くと水面までの高さは何cmになりますか。ただし，容器の厚さは考えないものとします。

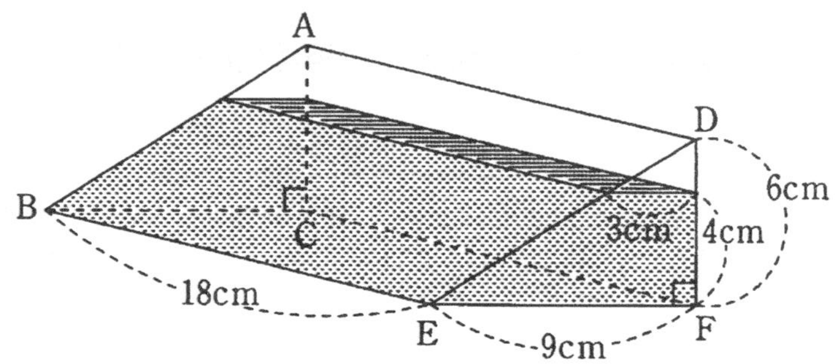

平成三十年度　第一次選抜〈適性検査〉　第一時限　国語　解答用紙

一

問1

問2

問3

問4

問5

問6

問7

問8

問9

問10

問11

二

問1　あ　い　う

問2　A　B

問3

問4

問5

問6

問7

問8

20

30

三

①　えた

②

③

④

⑤

※50点満点
(配点非公表)

受検番号

備考

平成３０年度　第１次選抜＜適性検査＞　第２時限　算数　解答用紙

1 （1）

（2）

2 個

3 cm^2

4 %

5 円

6 個

7 度

8 午後　時　分

9 倍

10 回転

11 （1）

（2） 番目

12

13 cm

※50点満点
(配点非公表)

受　検　番　号

備　考